Lucy Daniels • Die Tierfreunde

OMNIBUS

DIE SERIE

Mandy und ihr bester Freund James leben in dem kleinen Ort Welford, wo Mandys Eltern eine Tierarztpraxis betreiben. Die beiden haben ein Herz für Tiere und springen immer ein, wenn irgendwo Hilfe benötigt wird. Von ihren Abenteuern mit Tieren aus ihrer Umgebung und aus der Tierarztpraxis von Mandys Eltern erzählen die einzelnen Bände dieser Serie. Sie bieten spannende, lustige und aufregende Geschichten rund um Mandy und ihre vierbeinigen Schützlinge.

Lucy Daniels

Die Tierfreunde

Welpen im Waschkorb

Aus dem Englischen
von Angelika Feilhauer

OMNIBUS

OMNIBUS

Der Taschenbuchverlag
für Kinder und Jugendliche
von Bertelsmann

Band 20372

Siehe Anzeigenteil am Ende des Buches
für eine Aufstellung der bei OMNIBUS
erschienenen Titel der Serie.

Für Sue Welford

Umwelthinweis:
Dieses Buch wurde auf chlorfrei gebleichtem
Papier gedruckt.

Erstmals als OMNIBUS Taschenbuch Juli 2000
Gesetzt nach den Regeln der Rechtschreibreform

Original series created by Ben M. Baglio
Die Originalausgabe erschien unter dem Titel
»Animal Ark: Puppies in the Pantry«
bei Hodder Children's Books, London
Übersetzung: Angelika Feilhauer
Lektorat: Yvonne Hergane
Umschlagfoto: Juniors/M. Rutz
Umschlagkonzeption: Atelier Langenfass, Ismaning
Kn · Herstellung: Stefan Hansen
Satz: Uhl + Massopust, Aalen
Druck: Presse-Druck Augsburg
ISBN 3-570-20372-7
Printed in Germany

10 9 8 7 6 5 4 3 2 1

1. Kapitel

Das ist ja aufregend!«, sagte Mandys Mutter, Emily Hope. »In der Villa Greifenstein wird ein Film gedreht.«

Mrs. Hope sah beim Frühstück rasch die morgendliche Post durch. In der »Arche«, der betriebsamen Tierarztpraxis der Hopes, wurde immer schnell gefrühstückt. Fruchtsaft, Müsli, Jogurt – neuerdings fettarm, denn Mr. Hope machte Diät – und mit etwas Glück Toast. All das stand auf einem riesigen alten Kieferntisch in der eichenvertäfelten Küche des hopeschen Hauses.

Mandy löste den Blick von ihren Unterlagen, die sie in letzter Minute für einen Biologietest an diesem Tag noch einmal durchging.

Mrs. Hope trank noch einen Schluck Saft und stand vom Tisch auf. »Wir sind gebeten worden, die Tiere zu untersuchen, die in dem Film mitspielen«, sagte sie.

Mandys Vater sah von seiner Zeitung auf. »Villa Greifenstein, hm? Das wird sicher interessant.« Nachdenklich strich er über seinen Bart. »Mit Filmstars verkehren. Lass dir das nur nicht zu Kopf steigen, Emily!«

Mandy spürte ein aufgeregtes Kribbeln im Bauch. Es würde ein echtes Ereignis für das verschlafene Dörfchen Welford sein, wenn sich dort berühmte Filmstars einfanden! Ihr Freund James fand es gewiss auch spannend, obwohl Mandy wusste, dass er sich für Fußball eigentlich mehr interessierte als für Filme.

»Was für einen Film drehen sie denn, Ma?« Mandy steckte eine blonde Haarsträhne hinter ihr Ohr. Ihre blauen Augen sprühten. »Einen Tierfilm?«

Emily Hope lächelte. »Daran denkst du natürlich zuerst. Das ist typisch für dich, Mandy.« Sie stand vor dem Spiegel. Eilig fuhr sie mit einem Kamm durch ihr langes rotes Haar und band es mit einem grünen Seidenschal zusammen. »Offenbar handelt es sich um eine geheimnisvolle Mordgeschichte, die im letzten Jahrhundert spielt.«

»Toll! Dann ist die Villa Greifenstein genau der richtige Ort dafür. Ich habe sie schon immer irgendwie gruselig gefunden. Hast du das gehört, Jess?«

Jess, ein kleiner Jack-Russell-Terrier, saß Mandy zu Füßen. Heimlich steckte Mandy ihm ein Stück Toast zu. Ein großer Happs und weg war es. »Wuff«, machte der Terrier leise.

»Glaub ja nicht, ich hätte das nicht gesehen, Mandy.« Doch Mr. Hopes Augen zwinkerten freundlich. »Sie wird ganz schön rund. Was wird Tante Mary sagen, wenn sie aus Australien zurückkommt und Jess hat fünf Kilogramm zugenommen?«

Mandy kicherte. Sie war überglücklich gewesen, als ihre Tante Mary die Hopes gefragt hatte, ob sie Jess ein paar Monate nehmen würden, solange sie einen Universitätskursus in Australien machte.

»Du weißt, dass ich diesen braunen Augen nicht widerstehen kann, Pa.« Mandy beugte sich hinunter und umarmte den kleinen Hund liebevoll.

»Du kannst keinem Tier widerstehen, das dir über den Weg läuft«, sagte Mr. Hope.

Mandy grinste. Sie kraulte Jess hinter dem Ohr. »Du liebst Toast, stimmt's, Jess?« Mandy fand es himmlisch, den Terrier bei sich in der »Arche« zu haben.

Seit ihrem zwölften Geburtstag durfte Mandy in der »Arche«, der Tierarztpraxis ihrer Eltern in dem hübschen Dorf Welford in der englischen Grafschaft Yorkshire, mithelfen. Mandy machte Käfige sauber, tröstete kranke Tiere ... nichts war ihr zu viel. Sie konnte es kaum erwarten, erwachsen zu werden und selbst als Tierärztin zu arbeiten!

»Und?« Adam Hope schaute seine Frau erwartungsvoll an. »Nun heraus mit der Sprache. Welche Tiere spielen in dem Film mit? Schimpansen, Elefanten ...?«

»Das wäre *echt* super!« Mandy schluckte ihren letzten Bissen Toast herunter und stand vom Tisch auf.

Natürlich machte ihr Vater Spaß. Doch selbst wenn es nur Katzen und Hunde waren, würde es aufregend sein, sie einmal anzuschauen, fand Mandy. Und vielleicht würde sie dabei sogar einem echten Filmstar begegnen!

Mrs. Hope lachte. »Ich weiß es nicht genau! In dem Brief stand nicht sehr viel – lediglich, dass die Tiere von einer Agentur namens ›Tierstars‹ stammen und die Filmgesellschaft in der Gegend Pferde ausleihen wird.

Alle Tiere müssen vor Drehbeginn tierärztlich untersucht werden. Und ... ach, ja ... einen Hund haben sie erwähnt. Offenbar ist er einer der Stars des Films.«

»Was ist es für ein Hund?«, fragte Mandy.

Ihre Mutter schüttelte den Kopf. »Keine Ahnung, Mandy, bedaure.«

»Vielleicht ein geheimnisumwitterter Hund?« Mit Mandy begann die Phantasie durchzugehen. »Wie in dieser Sherlock-Holmes-Geschichte *Der Hund von Baskerville.*«

Mrs. Hope umarmte ihre Tochter rasch. »Du wirst dich gedulden müssen, Mandy. Sie kommen nicht vor Montag.« Sie drückte ihrer Tochter einen Kuss auf die Stirn. »Aber dann hast du Ferien, und wenn du willst, kannst du mitkommen.«

»Ma, das wäre klasse!«, rief Mandy.

Mrs. Hope warf einen Blick auf ihre Uhr. »Ich muss mich beeilen«, sagte sie. »Die Sprechstunde beginnt.«

Mandy konnte das aufgeregte Bellen eines jungen Hundes im Wartezimmer des Praxisanbaus hören, der sich auf der Rückseite des alten Steinhäuschens befand. Sie wäre gern hinübergegangen, um das Hündchen anzuschauen, aber es war keine Zeit. Die Schule und der gefürchtete Biologietest riefen.

Mr. Hope faltete seufzend seine Zeitung zusammen. »Ja, ich gehe besser auch. Ich muss einen Rindertransport untersuchen, der zum Markt nach Walton kommt.«

»Für mich ist es auch Zeit.« Mandy drückte Jess noch einmal an sich. Sie fand es schrecklich, dass der kleine Terrier allein in der Küche bleiben musste, während sie in der Schule war. Wäre es nach Mandy gegangen, hätte sie Jess in ihre Schultasche gepackt und zum Unterricht mitgenommen. Sie griff nach ihrem Ranzen. »Ich schätze, James wartet schon.«

»Veranstalte mit deinem Fahrrad kein Rennen zur Schule«, ermahnte Mr. Hope seine Tochter.

»Werde ich nicht, Pa ... Tschüss, Jess«, sagte Mandy. »Bis später.«

»Und knall die Tür nicht zu, wenn du gehst«, rief Mr. Hope ihr vom Spülbecken nach, aber schon war die Haustür mit einem lauten Knall zugeflogen.

Am Morgen des folgenden Montags klingelte es an der Hintertür.

»Ich gehe schon«, rief Mandy aus dem Wohnzimmer, wo sie mit Jess gespielt hatte.

Der Terrier rannte ihr voraus und schoss wie eine Kugel den Flur hinunter.

»Falls es jemand für mich ist ...« Mr. Hope sprang zur Seite, um dem rasenden Terrier ausweichen, während er seine gewachste grüne Jacke anzog und seine Tweedmütze aufsetzte. »Ich muss zum Heidehof. Eine von Jack Mabsons Kühen hat Mastitis. Ich bin vermutlich in ungefähr einer Stunde zurück.«

»Armes Ding«, murmelte Mandy. Sie wusste, dass es

sich um eine Euterentzündung handelte, die furchtbar schmerzhaft war. »Dann beeil dich lieber, Pa.«

Mr. Hope kontrollierte seine Tasche. »Falls es ein dringender Fall ist, kann Ma nach der Sprechstunde vorbeischauen. Oder am besten soll Jean einen Termin ausmachen.«

»Ja, Pa.« Mandy schob ihren Vater fast zur Haustür hinaus. Je schneller er zum Heidehof kam und die arme Kuh behandelte, desto froher war Mandy.

Mittlerweile warf sich Jess wie ein rasender Tiger gegen die Hintertür und bellte wild. Mandy rannte zu ihr und packte sie am Halsband. »Jess, um Himmels willen, wir werden doch nicht von Außerirdischen überfallen.« Sie nahm den tobenden kleinen Hund auf den Arm.

Mandy fand das Gekasper des Terriers immer lustig. Sie würde Jess schrecklich vermissen, wenn Tante Mary wieder zurück war. Mandy hatte drei Kaninchen, die sie von ganzem Herzen liebte, doch so viel Spaß wie mit dem kleinen Terrier hatte man mit ihnen nicht.

Draußen vor der Tür stand Mandys bester Freund James Hunter.

»Oh … hallo, James.«

James sah durchgefroren aus. Der Wind zerzauste sein glattes braunes Haar. Mandy fand, dass er ein wenig wie ein Shetlandpony aussah, aber das sagte sie nicht. James war etwas sensibel und um nichts in der Welt hätte sie ihn verletzt.

James zu Füßen saß Blackie, der schwarze Labrador

der Hunters. Kaum hatte er Jess gesehen, begann er heftig mit dem Schwanz zu wedeln. Jess bellte und zappelte wild. Mandy setzte sie auf den Boden. Die beiden Hunde stürmten hüpfend und bellend hinaus in den Garten.

Mandy verzog das Gesicht. Ihr Vater würde gar nicht begeistert sein, wenn sie durch die Blumenbeete tobten. Vom ersten Moment an, als Jess in die »Arche« gekommen war, waren die beiden Hunde dicke Freunde gewesen.

»Blackie!«, rief James. »Hierher!« Der Labrador schenkte ihm keine Beachtung. Er jagte dem munteren Terrier durch den Garten hinterher. James seufzte. »Dieser Hund hört einfach nicht. Blackie!« Blackie bellte noch einmal aufgeregt, dann rannte er zu James. Er setzte sich neben ihn und sah zu ihm empor, als wollte er um Entschuldigung bitten.

James schob seine Brille wieder nach oben. »Ich dachte, du hättest vielleicht Lust auf einen Spaziergang, Mandy«, sagte er.

»Oh, James, tut mir Leid«, erwiderte Mandy. »Wenn die Sprechstunde vorbei ist, fahre ich mit Ma fort.«

James hob die Augenbrauen. »Gibt es was Interessantes?«

»Wir fahren zur Villa Greifenstein. Ich habe dir letzten Freitag davon erzählt, James, weißt du noch? Der Film.«

James schlug sich mit der Hand auf die Stirn. »Natürlich hast du das … Ich Trottel. Tut mir Leid, Mandy, das habe ich völlig vergessen.«

»Hör zu. Wenn wir wieder zurück sind, rufe ich dich an. Dann können wir einen Spaziergang machen.«

»Okay«, sagte James. »Komm, Blackie. Heute Vormittag müssen wir uns allein unterhalten.« Er zog ein Gesicht. »Scheint so, als müsste ich doch noch für Ma einkaufen gehen.«

Mandy lächelte. Sie wusste, dass James Einkaufen hasste. Viel lieber spielte er mit seinem Computer oder half Mandy in der Tierklinik.

»Wenn wir noch einmal zur Villa Greifenstein müssen, werde ich Ma fragen, ob du mitkommen kannst, falls du Lust hast.«

James grinste. »Das wäre toll. Furchtbar gern.« Er winkte. »Dann bis später, Mandy.«

Jess buddelte gerade ein Loch im Blumenbeet. Blackie war zu ihr gelaufen und schaute zu.

Mandy pfiff. »Jess, Pa schnappt über, wenn du noch mehr von seinen Blumen ausgräbst!«

James winkte noch einmal, während er Blackie an die Leine nahm und sich in Richtung Dorfanger aufmachte.

Mandy fühlte sich etwas schuldig. James hatte ein wenig niedergeschlagen gewirkt. Sie seufzte. Zum Trost würde sie ihm später ein Eis kaufen. Und mit etwas Glück konnte James das nächste Mal mitkommen, wenn sie zur Villa Greifenstein mussten.

Eine halbe Stunde später fuhr Mrs. Hopes Geländewagen die kurvige schmale Straße zur Villa Greifenstein hinauf. Die Sonne schien warm auf die Windschutzscheibe. Auf der Brücke, die über den Fluss führte, sah Mandy ihre Strahlen einem silbernen Funkenschauer gleich auf das Wasser fallen. Das patchworkartige Muster aus grünen Wiesen und Trockensteinmauern flog an ihnen vorbei. Mandy öffnete das Fenster und atmete tief die frische Moorluft ein. Ihr Herz pochte vor Aufregung heftig. Besser als mit einem Besuch bei Filmstars konnte man den ersten Ferientag gewiss nicht beginnen!

Sie bogen um eine Ecke und am Ende der langen Kiesauffahrt tauchte die hundert Jahre alte Villa Greifenstein auf. Mit ihren großen und kleinen Türmen sah sie tatsächlich wie aus einem Kriminalroman aus.

»Ich habe ja gesagt, sie sieht gruselig aus.« Mandy starrte zu dem grauen Steingebäude empor.

Bei den Ställen parkten mehrere Autos und zwei riesige Laster. Auf der Seite eines Lastwagens stand in schwarzen Buchstaben »Curtis Smith Film-Produktionen«.

Vor der Eingangstür aus dunkler Eiche hielten sie an.

»Wohnt Mrs. Ponsonby denn nicht mehr hier?«, fragte Mandy. Mrs. Ponsonby war eine der herrischsten Frauen im Ort und ohne Zweifel eine Person, an der man nicht vorbeikam.

»Doch. Ich habe sie Samstagvormittag in der Poststelle getroffen«, sagte Mandys Mutter. »Aber solange im Haus gedreht wird, wohnt sie bei ihrer Schwester. Offenbar zahlt ihr die Filmgesellschaft eine Menge Geld.«

Mandys Augen leuchteten auf. »He«, sagte sie nachdenklich. »Wir könnten denen doch ein altes Steinhäuschen mit einem Tierklinikanbau anbieten. Dann würden wir auch eine Menge Geld bekommen.«

»Mandy!« Ihre Mutter lachte. »Du solltest dich schämen.«

»Warum denn?«, erwiderte Mandy. »Wir könnten es dem Tierheim spenden.« Mandy wurde schwer ums Herz, wenn sie an all die armen und ausgesetzten Tiere dachte, die das Tierheim aufnahm.

Mrs. Hope lächelte ihrer Tochter zu. »Mrs. Ponsonby braucht das Geld auch sehr nötig. Wie es scheint, ist ein Teil des Hauses einsturzgefährdet.«

»Oh. Ich hoffe, es stürzt nicht während der Dreharbeiten ein.« Mandy warf den wuchtigen Schornsteinen einen argwöhnischen Blick zu.

»Das glaube ich nicht, Mandy. Komm. Lass uns herausfinden, wer hier zuständig ist.«

»Ich finde es klasse, ganz in der Nähe des Dorfes Filmstars zu haben«, sagte Mandy, als sie ausstieg. »Vielleicht bekomme ich Autogramme von ihnen. Die anderen Mädchen in der Schule würden furchtbar neidisch sein.« Sie schaute sich um. »Wo wohl die Tiere sind?«

»Lass uns nachschauen.« Mrs. Hope nahm ihre Tierarzttasche aus dem Auto.

Sie gingen die gepflegte Steintreppe zur Eingangstür hinauf. Mrs. Hope drückte auf den altmodischen Klingelknopf.

Mandy Herz pochte aufgeregt, als sie leichte Schritte

zur Tür kommen hörte. Die Tür ging auf und vor ihnen stand ein blonder junger Mann in Jeans und Sweatshirt. In seiner Hand hielt er ein Klemmbrett.

»Guten Morgen«, sagte Mrs. Hope. »Ich bin Emily Hope, die Tierärztin. Ich bin gebeten worden, nach den Tieren zu schauen. Ich hoffe, ich komme nicht ungelegen.«

Der junge Mann lächelte. Hinter ihm konnte Mandy drei oder vier Leute mit Leitern sehen. Sie schienen in der Eingangshalle riesige Scheinwerfer aufzubauen.

»Tag«, sagte der junge Mann. »Ich bin Ben Burton, Mr. Curtis' Assistent. Mr. Curtis ist der Regisseur des Films.«

»Dies ist meine Tochter Mandy.«

Mandy lächelte schüchtern. Schließlich begegnete sie nicht alle Tage dem Assistenten eines Filmregisseurs!

»Sie finden Mr. Baggins und die anderen hinten in der Küche«, sagte Ben und trat beiseite, um sie hereinzulassen.

Mandy schluckte. »Mr. Baggins. Wer ist das denn?«

Bens Augen zwinkerten. »Du solltest besser mal nach schauen gehen.«

Das Innere des Gebäudes hallte von Gehämmer und Schlägen wider. Am oberen Ende der breiten geschwungenen Treppe sah Mandy eine Frau, die etwas rief. Das ganze Haus summte vor Geschäftigkeit.

Plötzlich erschien über dem Treppengeländer im ersten Stock ein Kopf. »Ben, Mr. Curtis will dich sprechen ... sofort!«, rief eine junge Frau, die ein weißes Tuch um den Kopf gebunden hatte und baumelnde rote Ohrringe trug, nach unten.

»Du meine Güte.« Ben sah ein wenig nervös aus. »Er dreht durch, wenn ich nicht sofort komme. Gehen Sie in die Küche durch, Mrs. Hope. Irgendwer wird Ihnen dort weiterhelfen.« Er fuhr sich mit der Hand durch das Haar. »Offen gestanden, im Moment weiß ich überhaupt nicht mehr, was los ist. Ich muss gehen!« Er rannte die Treppe hinauf, wobei er immer zwei Stufen auf einmal nahm.

»Aber ...« Mrs. Hope schaute ihre Tochter an und zuckte die Achseln. »Na gut«, sagte sie. »Dann wollen wir mal schauen, ob wir die Küche finden und Mr. Baggins, wer immer das sein mag!«

»Vielleicht der Mann, der für die Tiere zuständig ist«, sagte Mandy. »Aber das ist ein komischer Name«, fügte sie hinzu.

Das Durchqueren der Halle schien nicht ungefährlich zu sein. Überall lagen dicke Kabel auf dem Boden herum. Über ihnen standen wacklig aussehende Leitern. Arbeiter mit Hämmern in den Gürteln eilten wie Ameisen umher.

»Sieht aus wie der Hindernislauf auf dem Abenteuerspielplatz«, bemerkte Mandy und sprang über ein dickes Kabel, das sich auf dem Boden schlängelte.

»Ich glaube, hier ist es.« Mrs. Hope schob eine große Eichentür auf. »Ich bin hier schon mal gewesen, als Mrs. Ponsonbys Pekinese krank war.«

Die Tür führte in einen Flur mit dunkler Eichenvertäfelung. Am anderen Ende befand sich eine weitere Tür, die nur angelehnt war. Im Raum dahinter schrie eine gellende Stimme.

»Sie liebt dich, yeah, yeah, yeah! Sie liebt dich, yeah, yeah, yeah! Eine Tasse Tee mit zwei Stück Zucker, Tasse Tee mit zwei Stück Zucker!«

Mrs. Hope wandte sich zu ihrer Tochter um. Sie kicherten beide.

»Ich wette, ich weiß, wer das ist!« Mandy eilte voraus. Sie konnte es kaum erwarten, den Besitzer dieser seltsamen Stimme kennen zu lernen.

2. *Kapitel*

Mandy öffnete die Tür. Sie hatte geahnt, dass die Stimme einem Papageien gehörte. Und da saß er, auf dem Rand des Tisches in der riesigen alten Küche. Schwarze Knopfaugen starrten Mandy an.

»Oh!«, flüsterte sie. »Ma, ist der schön!«

Sie ging auf ihn zu und streckte die Hand aus, um das leuchtend rote und grüne Gefieder zu streicheln.

»Das muss Mr. Baggins sein«, sagte Mandy. Unter Mandys zarten Liebkosungen bog der Vogel seinen Hals.

»Zwei Tassen Tee und ein Stück Zucker«, murmelte er mit einer seltsamen, weichen Stimme. Mandy fand, dass

sich seine Federn unter ihren Fingerspitzen großartig anfühlten. Gleichzeitig kratzig und doch weich.

»Bist du aber ein hübsches Kerlchen«, sagte sie sanft.

Poch, poch, tönte es vom Kamin herüber. Zusammengerollt auf einem Sessel, lag dort ein wunderschöner schwarzer Labrador. Sein langer seidiger Schwanz klopfte zur Begrüßung von Mandy und Mrs. Hope auf das Polster.

»Tag, mein Mädchen.« Mrs. Hope kauerte nieder, um den Hund zu streicheln. »Sie heißt Charley«, stellte sie fest, als sie das Schild an dem roten Halsband des Hundes betrachtete.

»Sie ist wunderschön«, sagte Mandy und kraulte Charley hinter dem Ohr. »Ich wette, sie ist der Star des Films.«

Und das war noch nicht alles. Auf dem Kaminvorleger lagen zusammengerollt drei schlanke Katzen. Eine von ihnen schnurrte leise und reckte ihre rosa Nase empor. Alle drei trugen weiche rote Halsbänder mit silbernen Schildchen.

»Dies ist Schneeball …«, Mandy schaute auf das Schild, »… und das hier ist Echo. Was für hübsche Namen.« Echo, eine kleine Tigerkatze, stand auf und streckte sich träge, während Mandy sie liebevoll streichelte.

»Wie heißt die graue Katze?«, fragte Mrs. Hope.

»Wolke. Das müssen die ›anderen‹ sein, von denen Ben sprach.«

»Das denke ich auch.« Mrs. Hope schaute sich um. »Ich möchte wissen, wer sich um sie kümmert.«

In diesem Moment kam ein großer, stämmiger Mann zur Hintertür herein. Er putzte seine Stiefel an der Fußmatte ab. Mandy hörte ihn schniefen und schnaufen. Der Mann trug eine grüne wattierte Jacke und eine Schirmmütze. Seine Ohren standen wie Becherhenkel ab und er hatte ein grobes, rotes Gesicht.

Charley sprang vom Sessel herunter und beobachtete den Mann argwöhnisch. Dann setzte sie sich neben Mandy auf den Boden und drückte sich an ihr Bein. Mandy hatte ein merkwürdiges Gefühl. Es schien, als habe Charley plötzlich beschlossen, dass sie zu Mandy gehörte – als sollte Mandy sich um sie kümmern und sie beschützen. Mandy ließ ihre Hand sinken und legte sie sanft auf Charleys schlanken Hals. Aus der Kehle des Labradors drang ein leises Winseln.

»Schon gut, Charley«, flüsterte Mandy. »Keine Angst, ich bin ja bei dir. Es gibt keinen Grund, nervös zu sein.« Aber Mandy begriff sofort, dass Charley den Mann, der gerade in die Küche gekommen war, nicht mochte.

»Guten Morgen«, sagte der Mann mit einer tiefen, rauen Stimme.

»Guten Morgen.« Mrs. Hope streckte ihre Hand aus. »Ich bin Emily Hope, die Tierärztin. Und dies ist meine Tochter Mandy.«

Der Mann schüttelte Mrs. Hope die Hand und nickte Mandy zu. »George Sims«, sagte er schroff.

»Vielleicht können Sie uns helfen, Mr. Sims«, fuhr Mrs. Hope fort. »Wir suchen denjenigen, der für die Tiere zuständig ist.«

Mr. Sims schob seine Mütze auf den Hinterkopf. »So wie es aussieht, bin ich das«, murmelte er.

Mrs. Hope runzelte die Stirn. »Ich verstehe nicht ganz.«

Mr. Sims zog einen Stuhl heran und setzte sich. Charley drückte sich noch immer an Mandys Bein. Mandy spürte, wie die Hündin nervös zusammenzuckte, als die Stuhlbeine über den gefliesten Boden scharrten.

»Es gibt da ein kleines Problem«, erklärte Mr. Sims. »Ich arbeite in der Tat für ›Tierstars‹, aber eigentlich bin ich nur der Fahrer. Das Mädchen, das sich um die Tiere kümmern sollte, ist nicht erschienen.«

»Was ist mit ihr geschehen?«, fragte Mrs. Hope.

Mr. Sims zuckte die Achseln. »Ganz genau weiß ich das nicht... irgendein Missverständnis. Sie ist nach Frankreich gefahren, um einen Werbespot für Tiernahrung zu drehen, dabei sollte sie hier bei den Dreharbeiten sein.«

»Du liebe Güte«, sagte Mrs. Hope.

»Man hat mich gebeten, hier zu bleiben, bis sie kommt«, fuhr Mr. Sims missmutig fort. »Aber was weiß ich denn, wie man sich um einen Papageien kümmert?«

»Mr. Zucker, eine Tasse Beutel«, kreischte Mr. Baggins.

Mandy kicherte.

»Nun«, sagte Mrs. Hope, »gewiss können wir Ihnen

da jeden Rat geben, den Sie brauchen. Vor allem, wenn es sich nur um ein oder zwei Tage handelt. Ich bin sicher, dass die Agentur so bald wie möglich jemanden schickt.«

»Das will ich hoffen«, sagte Mr. Sims. Er sah immer noch missmutig aus.

Schneeball, der weiße Kater, erhob sich von seinem Platz am Feuer. Schnurrend strich er um Mr. Sims' Kordhosen, machte einen Buckel und schwenkte seinen Schwanz wie eine Fahne hin und her.

Mr. Sims zog seine Beine weg. Mandy trat zu ihm und nahm Schneeball auf den Arm.

»Ich kann Katzen nicht ausstehen«, brummte Mr. Sims. Wütend starrte er Mr. Baggins an. »Und Papageien auch nicht.«

Mr. Baggins starrte mit seinen Knopfaugen zurück. *»Links, rechts, links, rechts, Abmarsch!«,* schrie er plötzlich.

Mandy hielt sich mit der Hand den Mund zu, um nicht laut loszulachen.

»Pah!«, sagte Mr. Sims.

Mandy biss sich auf die Lippe. Plötzlich wurde sie wieder ernst. Wie in aller Welt konnte man Schneeball und Mr. Baggins nicht mögen? Beide waren wunderhübsch und völlig harmlos.

»Nun gut«, fuhr Mrs. Hope in sachlichem Ton fort. »Meine Aufgabe ist es, die Tiere zu untersuchen. Soll ich das hier in der Küche tun?«

George Sims zuckte die Achseln. »Ganz wie Sie wollen.«

Plötzlich erhob sich Charley und lief durch eine Tür, die sich neben der alten Küchenanrichte aus Kiefernholz befand.

»Charley!«, rief Mandy. »Wo läuft sie hin?«, fragte sie Mr. Sims.

»Sie hat ihr Lager in der Speisekammer aufgeschlagen«, sagte Mr. Sims. »Wirklich ein guter Platz. Da ist sie aus dem Weg, bis sie gebraucht wird.«

Mandy tat der Labrador Leid. Er verkroch sich in einer kalten Speisekammer, während im Kamin ein gemütliches Feuer brannte.

»Wer bekommt die Bescheinigung?«, fragte Mrs. Hope.

»Bescheinigung?« Mr. Sims schaute verständnislos drein.

»Nun, ich muss bescheinigen, dass die Tiere gesund sind, bevor die Filmgesellschaft mit ihnen drehen darf.«

»Legen Sie die Bescheinigung auf den Tisch, wenn Sie wollen. Ich hole sie dann, wenn ich meine Pause gemacht habe.«

Mandy versuchte Charley aus der Speisekammer zu locken.

»Na komm, Charley. Ma möchte dich anschauen.«

»Ich würde sie in Ruhe lassen«, sagte Mr. Sims, während er die Hintertür öffnete. »Sie ist ein bisschen launisch, wenn du mich fragst.«

»Na ja, sie ist eben eine Schauspielerin«, sagte Mandy. Sie vermutete, dass Mr. Sims vielleicht auch schlecht gelaunt sein würde, wenn sich jemand um ihn kümmerte, der ihn nicht mochte.

Mr. Sims schnaubte verächtlich. Dann ging er hinaus und schlug die Tür hinter sich zu.

»Er macht sich nicht gerade viel aus Tieren, nicht wahr, Ma?«, sagte Mandy. Sie lockte den Labrador aus der Speisekammer. »Komm, Charley, Ma tut dir doch nichts.«

»Ich glaube, er macht sich nur Sorgen«, erwiderte Mrs. Hope. »Wie es aussieht, hat man ihm die Arbeit einfach aufgehalst. Wollen wir hoffen, dass die eigentliche Tierbetreuerin bald kommt.«

Mandy saß auf dem Fußboden und hatte die Arme um den Hals des Labradors gelegt. Sie rieb ihre Wange zärtlich an dem glänzenden Fell. George Sims musste sich nur Zeit nehmen, um Charley kennen zu lernen, dann würde er schnell merken, wie großartig sie war.

»Na komm, Charley.« Mrs. Hope hob den großen Hund auf den Tisch. »Dann wollen wir dich mal anschauen.« Behutsam untersuchte sie den Hund. Ohren ... Augen ... Zähne. Alles sah gesund aus. Sie fuhr mit den Händen über Charleys schlanken, muskulösen Hals und strich über ihre Beine. Sie nahm Charleys Kopf zwischen die Hände und musterte ihre Schnauze. Dann fuhr sie Charley durch die Haare am Hinterkopf und setzte sie wieder auf den Boden.

»Alles bestens«, sagte Mrs. Hope. »Sie ist gesund wie ein Fisch im Wasser.«

»Wirst du auch Mr. Baggins anschauen?«, fragte Mandy, nachdem ihre Mutter die drei Katzen untersucht hatte.

»Mr. Baggins ... Mr. Baggins!«, schrie der Papagei plötzlich. *»Eine Tasse Tee und zwei Baggins.«*

Mandy brach in Gelächter aus. Auch Mrs. Hope lachte.

»Ja, aber ich bin beinahe sicher, dass ihm nichts fehlt«, sagte sie, wickelte den Vogel vorsichtig in ein Küchenhandtuch und untersuchte ihn behutsam. Dann strich sie dem Papagei über die Federn und setzte ihn auf den Tisch zurück.

»Seine Krallen sehen ein bisschen lang aus, aber das ist nicht schlimm.«

Plötzlich breitete Mr. Baggins die Flügel aus, flatterte nach oben und landete auf einem der hohen Eichenbalken an der Decke.

»Ich möchte wissen, welche Rolle er in dem Film spielt«, sagte Mandy.

»Eine unartige Rolle, denke ich mal.« Mrs. Hope nahm ein Notizbuch aus ihrer Tasche. Sie setzte sich an den Tisch und schrieb auf einer der Seiten etwas nieder. »Ich glaube, ich warte lieber und erkläre Mr. Sims diese Bescheinigungen.«

»Meinst du, ich darf mich ein bisschen im Haus umschauen?«, fragte Mandy. »Ich würde schrecklich gern den Drehort sehen.«

»Ich denke schon. Aber komm niemandem in die Quere. Da draußen sah es vorhin ziemlich chaotisch aus.«

»Ich werde Charley mitnehmen.« Mandys Blick fiel auf eine Hundeleine, die an einem Haken an der Hintertür hing.

»Und bleib nicht zu lange«, fügte Mrs. Hope hinzu. »Ich muss auf dem Rückweg noch einen Besuch bei Mrs. Platt machen.«

Mandys Herz machte einen Satz. Sie wusste, dass Mrs. Platts Pudel lange Zeit krank gewesen war. »Es ist doch nicht wieder etwas mit Brandy?«, fragte sie bang.

Mrs. Hope schaute ernst. »Ich fürchte doch. Mrs. Platt rief heute Morgen an und bat mich vorbeizukommen, um nach ihm zu schauen.«

»Oje.« Mandys Herz sank. Brandy, Mrs. Platts Pudel, war sehr alt und nierenkrank. Mandy hatte das schreckliche Gefühl, dass es dieses Mal keine Tabletten mehr geben würde, die ihm wieder auf die Beine halfen.

Mrs. Hope tätschelte Mandys Arm. »Kopf hoch, Mandy. Vielleicht ist es nicht so schlimm, wie du denkst.«

»Hoffentlich«, sagte Mandy. »Ich weiß nicht, was Mrs. Platt ohne ihren Hund tun wird. Sie wird schrecklich einsam sein.«

Seit dem Tod von Mrs. Platts Mann vor mehr als einem Jahr war Brandy ihre einzige Gesellschaft. Sie hatte noch einen Sohn, doch der lebte viele Meilen entfernt in London und konnte sie nur selten besuchen. Mandy riss sich zusammen. Es war sinnlos, sich Gedanken zu machen. Was auch geschah, weder Mrs. Platt noch ihre Mutter würden wollen, dass der arme Brandy litt.

»Na komm, Charley«, sagte sie. »Lass uns nachschauen, ob wir draußen einen Filmstar entdecken können.«

In einer Ecke der Halle wurde gerade ein einzelner riesiger Scheinwerfer aufgebaut. Ein kleiner Mann mit beginnender Glatze schrie Anweisungen. Er hatte einen enormen Bauch und eine dazu passende laute Stimme. Das ausgeleierte graue T-Shirt, das er trug, wies ihn als den »Boss« aus.

»Nein ... dreht ihn in diese Richtung!«, schrie er. »Es soll doch so aussehen, als würde das Licht durch das Fenster kommen, nicht durch ein Loch in der Decke!«

»Hallo, junge Dame.« Der Mann hatte Mandy entdeckt. »Bist du die Tierbetreuerin?«

»Ähm ... nein«, stammelte Mandy. »Ich bin Mandy Hope, die Tochter der Tierärztin. Ich mache nur mit Charley eine kleine Runde.«

Der Mann beugte sich hinunter und tätschelte Charley liebevoll. Mandy sah, dass er Hunde mochte. Sie erkannte immer sofort, ob Menschen gut mit Tieren umgehen konnten. Und was Mandy betraf, so war jeder, der Tiere mochte, zwangsläufig ein netter Mensch.

»Ist Charley der Star?«, fragte Mandy.

»Aber sicher.« Der Mann schaute über seine Schulter. »Aber sag das bloß nicht Antonia.«

»Antonia?«

»Antonia Kent. Unser *menschlicher* Star.«

Mandy kicherte.

»Der Hund sieht, wie alles passiert.«

»Mann!« Mandy bekam große Augen. »Sieht was? Doch nicht etwa den Mord?«

Der Mann schaute finster. »Jawohl, die schändliche Missetat selbst. Die Dame des Hauses ersticht ihren Mann in einem Anfall von Eifersucht hier in dieser Halle. Ihre Hündin – in der Geschichte heißt sie Schwarze Rose – ist bei dem schrecklichen Verbrechen zugegen.«

Mandy starrte ihn mit großen Augen an. »Oh!« Es hatte ihr fast die Sprache verschlagen.

»Warum bleibst du nicht da und schaust bei den Dreharbeiten zu?«, fragte der Mann. »Vielleicht gibt sich Charley bei ihrem Auftritt besonders viel Mühe, wenn du dabei bist. Es sieht ja so aus, als wärt ihr beide bereits dicke Freundinnen.«

»Das stimmt.« Mandy lächelte. Es gefiel ihr, dass der Mann bemerkt hatte, wie gut sie und Charley miteinander auskamen. Sie tätschelte liebevoll Charleys Kopf. »Ich würde schrecklich gern bleiben und zuschauen.« Doch dann erinnerte sie sich, dass sie etwas Wichtiges erledigen musste. Sie bekam ein langes Gesicht. »Oh … aber es geht nicht. Tut mir Leid. Ich muss mit meiner Mutter zurückfahren.«

Mandy wäre furchtbar gern bei Charley geblieben, doch sie musste zu Mrs. Platt und dem armen kleinen Brandy. Und wenn er so krank war, dass ihm nichts mehr helfen konnte, brauchte Mrs. Platt vielleicht eine Schulter zum Ausweinen.

In diesem Moment kam Ben die Treppe heruntergerannt.

»Ach, hier sind Sie, Mr. Curtis!«

»Mr. Curtis!« Mandy schnappte nach Luft. Sie hatte nicht begriffen, dass der Mann tatsächlich »Der Boss« war!

»Ich habe Sie überall gesucht«, fuhr Ben fort. »Miss Kent ist mal wieder durchgeknallt.«

Aus einem der Räume im oberen Stockwerk ertönte das Geräusch zerberstenden Porzellans. Liebe Güte, dachte Mandy. Hier knallt wohl noch mehr.

Mr. Curtis seufzte tief. »Was ist es diesmal, Ben?«

»Sie sagt, sie will nicht mit einem Papageien arbeiten. Sie sagt, dass sie allergisch gegen Vögel ist und dass er womöglich Flöhe oder dergleichen hat.«

»Flöhe!«, platzte Mandy heraus. »Mr. Baggins hat doch keine Flöhe.«

Mr. Curtis seufzte wieder. Er wandte sich zu Mandy um. »Diese Schauspielerinnen sind schrecklich launisch. Ich gehe besser hinauf und beruhige sie. Ben, kümmerst du dich bitte um die junge Dame?«

In diesem Moment kam Mrs. Hope aus der Küche. Charley wedelte zur Begrüßung mit dem Schwanz.

»Ma«, sagte Mandy. »Dies ist Mr. Curtis, der Regisseur des Films.«

Mrs. Hope schüttelte seine Hand. »Die Tiere sind alle

gesund«, sagte sie. »Sie können mit ihnen arbeiten, wann immer Sie wollen.« Sie reichte ihm die Bescheinigung. »Ich wollte sie Mr. Sims geben, aber ich kann nicht länger warten.«

Mandy sah, wie Ben und Mr. Curtis besorgte Blicke wechselten.

»Ich fürchte, er ist nicht sehr zuverlässig«, sagte Ben stirnrunzelnd. »Hoffentlich kommt die eigentliche Betreuerin bald.«

»Ja, hoffentlich«, pflichtete Mrs. Hope ihm bei.

Mr. Curtis ging mit großen Schritten die Treppe hinauf.

Ben nahm Charleys Leine und begleitete Mandy und Mrs. Hope zur Tür.

»Darf ich das nächste Mal meinen Freund James mitbringen?«, fragte Mandy. »Er ist ganz verrückt nach Tieren.«

»Ich wüsste nicht, was dagegen spricht«, erwiderte Ben. »Und da George offenbar kaum eine Ahnung hat, was er mit den Tieren anfangen soll, sind wir über eure Hilfe vielleicht sehr froh!«

3. Kapitel

Ich mache mir etwas Sorgen wegen Charley«, sagte Mandy, als sie zurück nach Welford fuhren. Sie fuhren die Hauptstraße entlang, vorbei an der Kirche und dem Erwachsenenbildungszentrum im alten Schulhaus, in dem sich noch vor wenigen Jahren die Dorfschule befunden hatte. Bald darauf erreichten sie die Neubausiedlung, wo Mrs. Platt mit Brandy in einem Häuschen lebte.

»Warum?« Die Mutter warf Mandy einen Blick zu.

»Sie scheint einfach nicht sehr glücklich zu sein.« Mandy machte sich Gedanken um Charley, seit sie die Villa Greifenstein verlassen hatten. »Ein Hund braucht Liebe und Zuneigung, nicht eine stinkende alte Decke, die auf dem Boden einer kalten Speisekammer liegt.«

Mrs. Hope tätschelte ihrer Tochter das Knie. »Es geht ihr gut, Mandy. Sie braucht nur ein bisschen Zeit, um sich einzugewöhnen. Erinnerst du dich, wie es Jess ging, als sie gerade erst zu uns gekommen war?«

Mandy gelang es, ein wenig zu lächeln. »Ja«, sagte sie. »Ich glaube, sie hat ihren Freund vermisst.«

»Wen, Tad?« Tad war der Jack-Russell-Terrier, der bei Tante Mary im Nachbarhaus lebte. Mrs. Hope lachte. »Ja, vermutlich hast du Recht, Mandy. Und mach dir keine Sorgen um Charley. Wir werden ein Auge auf sie haben.«

Mandy war beruhigt. Ihre Mutter verstand es immer, sie zu trösten.

Sie blieben vor dem Reiheneckhaus stehen, in dem … Platt wohnte und das einen großen Hintergarten … ie stiegen aus und gingen an Reihen ordentlich ge- … Gemüse vorbei zur Hintertür.

… Klopfen hin eilte Mrs. Platt herbei.

… Dank, dass Sie da sind«, sagte sie besorgt. … on befürchtet, ich hätte Sie verpasst. Ich … die Kirche, um das Wasser in den Vasen … rs. Platt war im ganzen Dorf für ihre … ents bekannt. »Treten Sie ein.«

In der … es Häuschens war es warm und gemütlich. Töpfe und Pfannen glänzten auf den Regalen und Vorhänge mit einem leuchtenden rot-blauen Muster schmückten die Fenster.

»Ich habe für den armen Brandy die Heizung angelassen«, sagte Mrs. Platt. »Ich dachte, es geht ihm vielleicht besser, wenn er es schön warm und behaglich hat.« Ihre Stimme zitterte ein wenig. Mandy empfand tiefes Mitleid mit ihr.

Brandy, ein hellbrauner Zwergpudel, lag in seinem Korb. Mandy spürte, wie sich ein Kloß in ihrem Hals bildete und ihre Augen sich mit Tränen füllten. Die Augen des kleinen Hundes waren rot und sein Fell wirkte stumpf. »Armer Brandy«, flüsterte Mandy. Sie erinnerte sich an die Zeit, als Brandy noch lustig und munter gewesen war, ein freundlicher, lieber kleiner Hund. Sie kauerte neben dem Korb nieder.

Mrs. Hope untersuchte behutsam den geschwollenen

Bauch des Hundes. Als ihre Finger eine empfindliche Stelle berührten und der Pudel leise winselte, zuckte Mandy zusammen. Sie wünschte, sie hätte den Hund von seinen Schmerzen befreien können.

Mrs. Hope erhob sich. Sie sah traurig aus. »Es tut mir Leid, Mrs. Platt. Aber wenn die Tabletten, die ich ihm letzte Woche gegeben habe, nicht geholfen haben …«

Mrs. Platt schüttelte den Kopf. »Es schien ihm tatsächlich etwas besser zu gehen. Gestern haben wir sogar einen kleinen Spaziergang gemacht, nachdem ich aus der Kirche zurückgekommen war. Doch heute Morgen hat er nicht mal seinen Korb verlassen. Ich musste ihn nach draußen tragen, damit er sein Geschäft machen konnte.«

Mandy streichelte Brandys lockiges Fell. Der kleine Hund fühlte sich heiß an und seine Nase war trocken. Sie spürte, wie sich eine Träne unter ihrem Augenlid hinausstahl und ihre Wange herunterlief. Sie fiel auf Brandys Fell.

»Ich fürchte, er hat sehr starke Schmerzen«, sagte Mrs. Hope. »Ich glaube wirklich, es wäre das Beste, ihn einzuschläfern.«

Mandy schaute durch einen Schleier aus Tränen auf. Mrs. Hope hatte ihren Arm um Mrs. Platts Schultern gelegt.

»Ja.« Mrs. Platt nickte. »Sie haben natürlich Recht. Wir können ihn nicht leiden lassen. Wenn Sie absolut sicher sind …«

Mrs. Hope nickte traurig. »Ich kann ihm jetzt eine

Spritze geben, Sie können ihn aber auch morgen in die Praxis bringen.«

»Nein … nein.« Mrs. Platt nahm ein Taschentuch aus ihrer Hosentasche und putzte sich geräuschvoll die Nase. »Brandy wird in seinem eigenen Korb einschlafen wollen.«

Mrs. Hope öffnete ihre Tasche und nahm eine Spritze heraus. Mandy wischte sich mit dem Handrücken die Augen. Sie holte tief Luft. Weinen war wirklich nicht angebracht. Alle Tränen der Welt würden Brandy nicht wieder gesund machen. Sie versuchte sich zusammenzunehmen. »Soll ich dir helfen, Ma?«

»Nein, danke, es geht schon. Warum gehst du nicht mit Mrs. Platt in den Garten hinaus? Schaut euch die herrlichen Rosen an. Oder möchten Sie bleiben?«

Mrs. Platt schüttelte den Kopf. »Nein. Ich bin in diesen Dingen keine Heldin.« Sie kniete neben Brandys Korb nieder. Als der kleine Hund sein Frauchen sah, hob er den Kopf. Mrs. Platt streichelte ihn zart. Mandy sah, dass sie weinte.

Mrs. Platt beugte sich hinunter und berührte Brandys Kopf mit ihren Lippen. Als sie wieder aufstand, streckte Mandy die Hand aus, um sie zu stützen.

»Kommen Sie, Mrs. Platt. Wir wollen uns die Rosen ansehen.«

Behutsam schloss Mandy die Tür hinter ihnen. Sie schluckte die Tränen hinunter, die wieder aufzusteigen drohten. Sie hatte einen dicken Kloß im Hals.

Sie hakte sich bei Mrs. Platt unter, während sie langsam den Gartenweg hinuntergingen. Mrs. Platt putzte sich noch einmal die Nase, dann schien sie die Fassung wiederzugewinnen.

»Es hat keinen Zweck zu weinen«, sagte sie mit fester Stimme. »Brandy hat ein wunderbares Leben gehabt. Er ist wie ein kleiner Prinz behandelt worden. Es wäre nicht richtig, ihn jetzt leiden zu lassen.«

Mandy brachte es fertig, ein wenig zu lächeln, wenn auch traurig. »Ja.« Mrs. Platt hatte natürlich Recht, aber dennoch war der Gedanke schrecklich, dass sie Brandy nie mehr lebend sehen würden.

»Schau, da ...« Mrs. Platt zeigte auf eine rosa Kletterrose, die gerade zu blühen begann. »Die habe ich aus meinem alten Haus mitgebracht. Mein Mann hat sie mir zum Geburtstag geschenkt ... Zu demselben Geburtstag, zu dem mein Sohn mir Brandy geschenkt hat.« Sie seufzte. »Was war Brandy damals für ein süßes kleines Hündchen. Ein winziges flaumiges Bündel mit zwei riesigen schwarzen Augen ...« Ihre Stimme brach. »Zwölf Jahre ist er geworden, weißt du, Mandy.«

»So alt wie ich«, sagte Mandy sanft. Sie sahen sich an und lächelten. Sie verstanden einander ohne Worte. Auch wenn der liebe kleine Brandy nicht mehr durch den Garten laufen würde, so blieb Mrs. Platt doch wenigstens die wunderschöne Rose, die sie an ihn erinnerte.

»Werden Sie sich einen anderen Hund anschaffen?«,

fragte Mandy, als sie am Ende des Gartens angekommen waren und hinaus auf das Hochmoor schauten. Es ging ihr jetzt etwas besser. Es war Zeit, an die Zukunft zu denken, nicht an die Vergangenheit.

Mrs. Platt schüttelte den Kopf. »Ich fürchte, das kann ich mir nicht leisten. Mit meiner kleinen Stelle im Lebensmittelladen verdiene ich nicht viel.«

Mandy wandte sich um und sah ihre Mutter, die in der Hintertür stand und sich an einem Handtuch die Hände abtrocknete. Sie gingen zu ihr zurück.

»Wie … ?«, begann Mrs. Platt. Mandy hörte ein Zittern in ihrer Stimme.

»Er ist einfach friedlich eingeschlafen«, versicherte ihr Mrs. Hope.

Mandy drückte Mrs. Platts Arm.

»Was soll ich jetzt mit Brandy machen?«, fragte Mrs. Hope sanft. »Ich habe ihn in seine Decke gewickelt.«

Mandy schaute an ihrer Mutter und Mrs. Platt vorbei. Sie konnte in Brandys Korb ein klägliches kleines Bündel sehen, das in eine blaue Decke gewickelt war. Wieder spürte sie Tränen aufsteigen, aber es gelang ihr, sie zu unterdrücken.

»Machen Sie sich keine Gedanken, ich kümmere mich um ihn«, erwiderte Mrs. Platt. »Ich werde ihn bei der Rose begraben. Da wird es ihm gefallen. An heißen Sommertagen war dies sein Lieblingsplatz. Angenehm schattig, wissen Sie.«

Mandy konnte im Geiste Brandy vor sich sehen, wie

er früher gewesen war, und sie wusste, dass sie das Richtige getan hatten.

»Was bin ich Ihnen schuldig, Emily?«, fragte Mrs. Platt in sachlichem Ton. Sie straffte ihre Schultern. Mandy bewunderte ihre Tapferkeit. Sie glaubte, sich niemals daran gewöhnen zu können, dass Tiere auf diese Weise sterben mussten.

»Machen Sie sich deswegen keine Gedanken. Ich werde Jean bitten, Ihnen am Monatsende eine Rechnung zu schicken.«

Mandy nahm Mrs. Platt in den Arm. »Ich hoffe, Sie werden nicht zu einsam sein.«

Mrs. Platt gelang es, ein wenig zu lächeln. »Vielleicht werde ich mir einen Wellensittich kaufen. Er ist in der Haltung nicht so teuer.«

»Nein, aber mit einem Wellensittich können Sie nicht spazieren gehen«, sagte Mandy traurig.

Mrs. Platt beobachtete vom Fenster aus, wie sie davonfuhren. Mandy fand, dass sie ohne den kleinen Hund in den Armen furchtbar einsam aussah.

Sie fuhren direkt zur Tierklinik zurück. Die Dorfstraße lag ruhig da. Mrs. Hope tätschelte ihrer Tochter das Knie. »Kopf hoch, Mandy.«

»Ich gebe mir ja Mühe«, sagte Mandy. »Ich denke nur einfach daran, wie Mrs. Platt den armen Brandy vermissen wird.«

»Ich weiß, Schatz.«

Mandy sah nachdenklich aus. »Hör mal, Ma, Mrs.

Platt hätte schrecklich gern einen anderen Pudel. Aber sie kann ihn sich einfach nicht leisten.«

»Pudel sind ziemlich teuer.« Mrs. Hope schaltete herunter, um die scharfe Kurve zu nehmen.

»Ich weiß. Genau das hat sie auch gesagt. Ich habe nachgedacht ...«

»So?« Mrs. Hope warf ihrer Tochter einen wissenden Blick zu. »Und was für einen Plan heckst du gerade aus, Mandy?«

»Ich dachte, dass es vielleicht im Tierheim einen Pudel gibt.«

»Ja, vielleicht.« Mrs. Hope hob die Augenbrauen.

Mandy rutschte auf ihrem Sitz hin und her. »Könnten wir gleich dorthin fahren?«

»Nun mal langsam, Mandy. Gib Mrs. Platt etwas Zeit, um über den Tod des armen Brandy hinwegzukommen.«

»Aber ein neues Haustier wird ihr dabei helfen«, beharrte Mandy. Wenn Mandy sich einmal etwas in den Kopf gesetzt hatte, konnten sie keine zehn Pferde mehr davon abbringen.

»Wir fahren dorthin, sobald dein Vater oder ich eine freie Minute haben. Einverstanden?«

Mandy seufzte. »Na gut, aber vergiss es nicht, ja?«

»Ich glaube nicht, dass du mir die Chance dazu lässt!«

Sie blieben unter dem Holzschild stehen, auf dem »Die Arche. Tierklinik« stand.

Mandy sprang aus dem Auto. Sie freute sich darauf, Jess zu sehen. Jetzt ging es ihr besser. Der Gedanke, einen neuen Hund für Mrs. Platt zu finden, hatte ihre Stimmung unendlich gehoben. »Ich frage Jean nur rasch, ob irgendwelche Anrufe gekommen sind.« Mrs. Hope ging auf die Tür der Praxis zu.

Mandy eilte in die Küche. Jess lag zusammengerollt in ihrem Korb und schlief fest. Sie hatte nicht einmal die Tür gehört.

»Jess!«

Der kleine Hund öffnete verschlafen die Augen, während sich Mandy zu ihm herunterbeugte und ihn herzte.

»Jess«, sagte Mandy wieder. »Du Schlafmütze. Du hast mich nicht einmal kommen gehört. Du wirst ein richtiger Faulpelz.«

Jess leckte ihr das Gesicht. Mandy nahm sie hoch und drückte sie kurz an sich. Dann ging sie zum Telefon und wählte James' Nummer. Nachdem es ein dutzend Mal geklingelt hatte, nahm er ab.

»Oh ...«, sagte Mandy. »Gerade wollte ich auflegen.«

»Entschuldige«, erwiderte James. »Ich habe gerade mein neues Computerspiel gespielt.«

Mandy rümpfte die Nase. Sie hasste Computerspiele. »Hast du noch Lust später rüberzukommen?«, fragte sie.

»Na klar. Wie war es in der Villa Greifenstein?«

»Toll. Ich werde dir alles erzählen, wenn du hier bist.«

Nach dem Mittagessen ging Mandy Simon, dem Tierpfleger der »Arche«, bei seinen Arbeiten im hinteren Bereich der Praxis zur Hand. Simon legte gerade einen der

Tierkäfige mit Zeitungen aus. Mandy wusch die Futternäpfe und trocknete sie ab.

»Simon?«, sagte Mandy. »Weißt du zufällig, ob das Tierheim einen Pudel für Mrs. Platt hat?«

Simon war ein junger Mann in den Zwanzigern, groß und dünn und mit blondem Haar. Er zuckte die Achseln. »Keine Ahnung, Mandy. Ich weiß nur, dass dort alle möglichen Hunde abgegeben werden.«

Mandy seufzte. »Sind die Menschen nicht schrecklich?«, sagte sie und wurde plötzlich wütend, wie immer, wenn sie an all die ausgesetzten und ungeliebten Tiere im Tierheim dachte.

Simon lächelte ein wenig. »Einige Menschen, Mandy. Nicht alle.«

»Du weißt, was ich meine.« Für Mandy war Simon wie ein guter Freund. Jemand, mit dem man Dinge bereden konnte, wenn Ma und Pa gerade zu viel zu tun hatten, um zuzuhören. »Ich meine Leute, die Tiere aussetzen«, fuhr Mandy immer noch wütend fort. »Erinnerst du dich an Walton, die Katze, die ich einmal gefunden habe? Vermutlich hatte sie jemand ausgesetzt, weil sie trächtig war. Mein Gott, hatte ich eine Wut. Warum begreifen die Leute nicht, dass man für ein Haustier verantwortlich ist, solange es lebt, und dass man es nicht einfach wegwerfen kann wie … wie …« Mandy war so empört, dass ihr das richtige Wort nicht einfiel.

»Wie eine leere Cornflakes-Schachtel?«, schlug Simon vor.

»Genau.«

»Weißt du, die Leute können nicht immer etwas dafür«, versuchte Simon sie zu beruhigen. »Manchmal ziehen sie um und können ihr Haustier nicht mitnehmen, weil ihr neuer Vermieter etwas dagegen hat ... und manchmal sind sie einfach nicht mehr in der Lage, sich um ein Tier zu kümmern.«

»Mag schon sein«, räumte Mandy ein. »Aber die Leute sollten wirklich ein bisschen mehr Verantwortung zeigen.«

»Das kann ich nicht bestreiten«, sagte Simon mit einem Lächeln.

Mandy stapelte die Futternäpfe aufeinander und warf das feuchte Küchenhandtuch in den Wäschekorb. Sie schaute auf ihre Uhr. »Gibt es noch etwas zu tun, Simon? James wird jede Minute kommen. Wir machen mit den Hunden einen Spaziergang.«

»Nein, danke, Mandy.« Simon wusch sich die Hände. »War nett von dir mir zu helfen.«

In diesem Moment erschien James. Er reichte Mandy ein Päckchen Brausepulver. »Das habe ich im Laden für dich gekauft«, sagte er grinsend. »Ich weiß doch, dass du darauf stehst.«

Mandy wollte ihn umarmen, aber dann fiel ihr ein, dass ihn das in Gegenwart von Simon vielleicht verlegen machen würde. »Danke, James«, sagte sie. »Komm. Ich erzähle dir alles über Charley, den Filmhund.«

4. Kapitel

Als Mandy am nächsten Morgen aus dem Bett sprang, funkelte der Garten in der Morgensonne. In der Nacht hatte es ein Gewitter gegeben. Einmal war Mandy durch einen gewaltigen Donnerschlag geweckt worden.

Sie war so aufgeregt, dass sie ein heftiges Kribbeln im Bauch spürte. Mit etwas Glück würde heute George Sims aus der Villa Greifenstein anrufen, um zu sagen, dass die Pferde eingetroffen waren. Und dann würde sie Charley und Mr. Baggins wieder sehen!

Doch als das Telefon klingelte, war es ihr Großvater.

»Kommst du uns in den Ferien besuchen, Mandy?«, fragte er.

Mandy lächelte. Sie ging sehr gern zu ihren Großeltern in das Haus Flieder, das von der Tierklinik aus nur ein Stück weiter die Straße hinauf lag.

»Natürlich, Opa. Heute Vormittag werde ich hoffentlich mit Ma fortfahren, aber wenn ihr Lust habt, dann könnten James und ich später rüberkommen.«

»Wunderbar. Deine Großmutter probiert gerade ein neues Rezept für einen Schokoladen-Orangen-Kuchen aus und sie dachte, dass du vielleicht gern ein Stück kosten würdest«, sagte der Großvater.

»Lecker«, erwiderte Mandy. »Später kommen wir ganz bestimmt, Opa.«

Mandy war ein wenig nervös. Sie musste ihre Arbeiten

in der Tierklinik erledigen, konnte sich aber auf nichts konzentrieren. Glücklicherweise kam nur wenige Minuten später der Anruf aus der Villa Greifenstein.

»Die Pferde sind eingetroffen«, sagte Mrs. Hope, die den Kopf zur Tür hereinsteckte.

»Super!«, sagte Mandy aufgeregt und sprühte plötzlich vor Energie. »Ich werde James anrufen.«

Gerade als Mandy und ihre Mutter ins Auto stiegen, kam James auf seinem Fahrrad angefahren. Mandy sah, dass er sich beeilt hatte. Er trug seinen Pullover verkehrt herum, aber das wollte sie ihm lieber später sagen.

Jess kletterte im Auto auf James' Schoß, rollte sich zusammen und schlief sofort ein. Als sie bei der Villa Greifenstein ankamen, hörten sie drinnen Leute durcheinander rufen. Sie ließen Jess zusammengerollt auf dem Rücksitz zurück, achteten jedoch darauf, dass die Fenster offen blieben.

»Vielleicht gehen wir besser nach hinten auf den Hof«, schlug Mrs. Hope vor. »Es klingt, als wären sie da drinnen ziemlich beschäftigt. Ich weiß, wo die Ställe sind.«

»Komm, lass uns Charley suchen«, sagte Mandy zu James. Sie klopften an die Hintertür, aber niemand reagierte. Vorsichtig öffnete Mandy die Tür und steckte ihren Kopf hinein. »Hallo ... ist da jemand?«

Sie wandte sich zu James um. »Komm. Ich bin sicher, dass niemand etwas dagegen hat, wenn wir hineingehen.«

Die riesige Küche war leer. Keine Charley, kein Mr.

Baggins, keine Katzen, kein George Sims. Wo um alles in der Welt waren sie alle?

In dem Korridor, der in die große Eingangshalle führte, hallte die Stimme von Mr. Curtis wider. Mandy zupfte James am Ärmel. »Komm, lass uns nachschauen. Vielleicht sind die Tiere alle bei den Dreharbeiten.«

Sie schlichen den Korridor entlang und spähten durch die halb geöffnete Tür. Alles befand sich in Aufruhr. Mandy unterdrückte ein Kichern. »Ich habe dir ja gleich gesagt, dass es chaotisch ist«, flüsterte sie James zu.

Mr. Curtis saß oben auf einer Trittleiter und wedelte mit den Armen herum. Die Leiter wackelte. Ben stürzte zu ihr hin, um sie fest zu halten. Mandy schlug ihre Hand vor den Mund, um nicht laut loszulachen. »Nein!«, schrie Mr. Curtis eben. »Um Himmels willen, warum fängt denn niemand den Papagei!«

Am Kamin saß eine Frau in einem knöchellangen weißen Kleid. Ihr Kopf steckte unter einer Decke. Die Katzen schliefen auf dem Sofa, als sei alles um sie herum vollkommen friedlich.

»Das muss Antonia Kent sein«, flüsterte Mandy James ins Ohr. »Sie ist der menschliche Star.«

»Mit diesem abscheulichen Vogel drehe ich nicht!«, tönte eine Stimme unter der Decke hervor. »Nein, nein und nochmals nein!«

»Schau!«, sagte Mandy, die plötzlich den Papagei entdeckt hatte. »Dort ist Mr. Baggins!«

Und tatsächlich, hoch oben auf dem eleganten Kristallleuchter putzte sich Mr. Baggins sein Gefieder. Unter ihm hielt eine Assistentin eine Tasse mit Sonnenblumenkernen empor.

»Komm herunter, Mr. Baggins«, rief sie. »Hier ist feines Fresschen.«

»Zwei Stück Zucker!«, schrie der Papagei gellend. *»Eine Tasse Baggins, bitte schön.«*

Mandy musste so lachen, dass sie fürchtete, jemand könnte sie hören.

»Wo ist dieser verflixte George Sims?«, schrie Mr. Curtis plötzlich. »Er soll doch auf die verdammten Viecher aufpassen.«

»Was für ein Chaos«, flüsterte James.

»Wir gehen lieber, bevor wir Ärger bekommen«, sagte Mandy. Aber es war zu spät. Man hatte sie entdeckt.

»Ah, junge Dame«, rief Mr. Curtis von seiner Leiter herab. »Komm nur herein. Meinst du, du findest eine Möglichkeit, diesen Vogel herunterzulocken?«

Mandy und James betraten schüchtern die Halle. Mandy schaute empor. »Ich werde es versuchen«, sagte sie. Vor den Augen des gesamten Filmteams fühlte sie sich ein wenig verlegen. »Versprechen kann ich es aber nicht.«

Auf der anderen Seite der Halle spähte Antonia Kent unter ihrer Decke hervor. Um ein Haar wäre Mandy wieder in Gelächter ausgebrochen. Die Schauspielerin sah mit der weißen Decke um das Gesicht wie eine Nonne in einem Ballkleid aus. Als sie jedoch die Decke wegzog, holte Mandy tief Luft, denn sie erkannte sie sofort ... Antonia Kent war die Heldin in einer von Mandys Lieblingsserien! Sie konnte nicht anders, als sie anzustarren.

»Mandy ...« James stieß sie an.

»Oh!« Mandy riss sich zusammen und ging zu dem Kronleuchter. »Mr. Baggins«, rief sie sanft. »Komm herunter, Mr. Baggins. Du bist furchtbar ungezogen.«

»Sie liebt dich, yeah, yeah, yeah«, sagte Mr. Baggins.

»Stimmt«, sagte Mandy und konnte sich ein Lächeln nicht verkneifen. »Ich weiß, aber komm jetzt bitte herunter, ja?«

Mandy hörte Gelächter im Raum widerhallen. Sie warf Mr. Curtis einen Blick zu. Er machte ein finsteres Gesicht. Im Gegensatz zu allen anderen fand er die Situation ganz offenbar nicht komisch.

Mandy schürzte ihre Lippen und tat so, als würde sie die Stirn runzeln. »Nun komm, Mr. Baggins, hör mit dem Blödsinn auf.« Jemand hatte ihr eine Schale mit Sonnenblumenkernen gegeben, die sie emporhielt. »Jetzt komm ... bitte.«

Zu Mandys Erleichterung legte Mr. Baggins seinen Kopf auf die Seite, breitete seine leuchtenden Schwingen aus und flatterte zu ihr hinab. Er landete auf ihrem Kopf. Mandy geriet leicht ins Wanken. Dann fiel ihr Blick auf ihr Spiegelbild in einem großen, gold gerahmten Wandspiegel. Sie sah aus, als hätte sie einen bunten Hut für eine Parade auf. Sie hielt ihre Hand hoch. »Jetzt komm, du schlimmer Kerl. Du hältst alle auf.«

Anmutig trippelte Mr. Baggins auf ihren Finger. Ein Seufzer der Erleichterung ging durch den Raum.

»Gut gemacht, Engelchen.« Antonia Kent fegte in einer Woge aus blasser Seide und starkem Parfüm auf Mandy zu. Sie hatte schwarz gelocktes Haar, das hoch gesteckt worden war, und einen blassen Teint. Auf ihrer mit Rouge geschminkten Wange befand sich ein dunkler Schönheitsfleck. Die Schauspielerin sah den Papagei argwöhnisch an, während sie Mandy den Arm um die Schultern legte. »Das Mädchen hat ein Händchen für Tiere.« Sie wandte sich zum Filmteam um. »Ist sie die neue Tierbetreuerin? Ist dieser unfähige Mann endlich fort?«

Mr. Curtis kam schwankend die Leiter hinab. »Nein«, sagte er. »Sie ist die Tochter der Tierärztin. Das war großartig, Mandy. Vielleicht kannst du bleiben und uns helfen? Jetzt brauchen wir Charley. Könntest du sie eventuell holen?«

»Natürlich.« Mandys Herz machte vor Aufregung einen Satz. »Furchtbar gern.«

In diesem Moment öffnete sich die Haustür und George Sims trat in die Halle. Er schien aufgeregt. Seine grünen Gummistiefel waren mit Schlamm bedeckt und sein Gesicht war rot, als sei er gerannt.

»Ah, Sims«, sagte Mr. Curtis. »Gerade habe ich Mandy gebeten den Hund zu holen.«

George Sims biss sich auf die Lippe. »Der Hund ist fort«, sagte er schroff und schaute auf seine Stiefelspitzen hinunter. »Weggelaufen.«

»Wie?« Mr. Curtis stöhnte.

Mandys Magen krampfte sich vor Schreck zusammen. »O nein!«, rief sie. »Wann?«

George Sims schaute sie an. Er sah völlig zerknirscht aus. »Ich habe sie gestern Abend herausgelassen und sie ist nicht wieder zurückgekommen. Der Donner ... er muss sie erschreckt haben.«

Eine Woge aus Zorn und Angst durchflutete Mandy. Wie konnte jemand nur so dumm sein? »Sie haben sie während des Gewitters herausgelassen? Ja, wissen Sie denn nicht, dass Hunde nichts mehr fürchten als Donner?«, explodierte sie.

Mr. Sims verzog den Mund. »Woher soll ich das wissen? Ich habe dir doch gesagt, ich bin nur der Fahrer. Davon abgesehen schien sie sich eingewöhnt zu haben. Ich dachte, es wäre alles in Ordnung mit ihr.«

Mandy fuhr herum. »Komm, James, wir gehen besser nach ihr suchen.«

»Wenn Charley schon die ganze Nacht fort ist«, sagte Ben, »dann kann sie überall sein.«

»Ich war draußen und habe sie gesucht.« George Sims nahm seine Mütze ab und kratzte sich am Kopf. »Sie ist weg, so viel steht fest.«

»Wir werden sie trotzdem suchen.« Mandys Augen funkelten vor Zorn. Sie stürzte mit James hinaus.

»Wo sollen wir beginnen?«, keuchte James hinter ihr.

»Wir werden Jess holen. Sie kann gut Fährten aufnehmen.«

»Aber sie kennt Charley doch gar nicht.«

Doch Mandy öffnete schon die Hecktür des Wagens. »Komm, Jess.« Sie nahm den Terrier an die Leine. »Wir lassen sie an Charleys Decke schnuppern. Das könnte funktionieren.«

Sie liefen zur Rückseite des Hauses und in die Küche. »Schau, Jess.« Mandy stieß die Tür zur Speisekammer auf. Jess rannte hinein. Sie schnupperte an Charleys Decke, winselte leise und begann an der Decke zu kratzen, um es sich gemütlich zu machen.

»Nein, Jess!« Mandy zog sanft an der Leine. »Jetzt ist keine Zeit zum Schlafen. Charley ist fort und wir müssen sie finden!«

»Wir sollten deiner Mutter Bescheid sagen«, meinte James.

Sie rannten hinaus in den Hof. Im Stall untersuchte Mrs. Hope gerade einen wunderschönen kastanienbraunen Wallach.

»Was ist denn passiert?«, fragte Mrs. Hope überrascht.

»Charley«, stieß Mandy hervor. »Sie ist fortgelaufen.«

»Fortgelaufen ... du liebe Güte. Wann?«

»Gestern Abend.« Mandys Stimme brach. Der Gedanke, dass sich der wunderschöne Labrador im Moor verirrt haben könnte, war schrecklich.

»Mr. Sims hat sie während des Gewitters hinausgelassen«, erklärte James. »Sie muss furchtbare Angst bekommen haben. Mr. Sims war den ganzen Morgen auf der Suche nach ihr.«

»Wir setzen Jess auf ihre Fährte«, sagte Mandy.

»Vielleicht solltet ihr in den Außengebäuden nachschauen«, schlug Mrs. Hope vor. »Möglicherweise versteckt sie sich.«

»Gute Idee«, sagte Mandy. »Komm, James.«

»Geht nicht zu weit fort, Mandy. Ich muss in die Praxis zurück. Und vergiss nicht, dass du versprochen hast, Oma und Opa zu besuchen.«

»Aber wir können nicht einfach fortfahren …«

»Tut mir Leid, Mandy. Schau, die ganzen Filmleute sind doch da und können nach Charley suchen.« Mrs. Hope legte ihren Arm um Mandys Schultern. »Ich bin sicher, dass Charley sich wieder einfindet. Tut, was ihr könnt, solange ihr hier seid. In Ordnung?«

Mandy schniefte, dann nickte sie. »In Ordnung, Ma. Komm, James. Lass uns gehen.«

Als Mrs. Hope zum Aufbruch bereit war, hatten Mandy und James die Außengebäude sorgfältig nach Hinweisen auf den vermissten Hund durchsucht.

»Charley! Charley!« Überall waren sie gewesen. In den Ställen, auf dem Heuboden, in der alten Molkerei. Mandy, James und Jess waren auf dem ganzen Gelände herumgelaufen und hatten in jedes Gebüsch, den von Mauern umgebenen alten Küchengarten und den Geräteschuppen geschaut. Sie waren sogar auf den Dachboden der Villa Greifenstein gestiegen. Aber sie hatten nirgendwo eine Spur von Charley entdeckt. Schließlich war es Zeit, zurückzukehren.

Mandy war elend zu Mute, als sie die Straße hinunterfuhren. Der Tag, der so großartig begonnen hatte, war schlichtweg schrecklich geworden.

»Kopf hoch, Mandy.« Ihre Mutter legte beruhigend die Hand auf ihr Knie. »Du hast getan, was du tun konntest, um Charley zu finden. Aber eigentlich ist die Filmgesellschaft für den Hund verantwortlich, nicht wir.«

»Ich weiß«, sagte Mandy. »Aber ich habe Charley *versprochen*, dass ich auf sie aufpassen werde. Ich kann sie nicht im Stich lassen.«

James saß schweigend auf dem Rücksitz des Autos und drückte den müden Terrier an sich. Es schien, als wären sie auf der Suche nach der vermissten Hündin Meilen gelaufen, und sie waren beide erschöpft.

»Eigentlich haben wir überhaupt *nichts* getan.« Plötzlich war Mandy wütend. Sie schaute ihre Mutter an. »Wir haben nichts getan, als ein paar blöde alte Gebäude und den Garten zu durchsuchen. Charley kann mittlerweile meilenweit weg sein und wir tun nichts, um ihr zu helfen.«

»Im Moment musst du dich damit zufrieden geben, Mandy«, sagte Mrs. Hope fest. »Wir fahren jetzt zum Wiesenhof. Ich habe von der Villa Greifenstein aus mit Jean telefoniert und mich erkundigt, ob irgendwelche Anrufe gekommen sind. Mrs. Janeki hat darum gebeten, dass ich nach einem verletzten Mutterschaf schaue. Wenn ihr die Augen offen haltet, seht ihr Charley vielleicht.«

Mandy seufzte. Sie starrte zum Fenster hinaus. Wenn sie bloß nicht fortgemusst hätten. Vor ihnen schienen sich Moor und Täler in endlose Ferne zu erstrecken. Die Vorstellung, dass Charley irgendwo da draußen verlassen umherirrte, schien Mandy beinahe unerträglich. Möglicherweise lag Charley verletzt am Fuße eines hohen Felsens, zitternd vor Nässe und Kälte ... und hungrig. Unaufhaltsam stürzten schreckliche Gedanken auf Mandy ein.

»Wenn wir zurückkommen, könnten wir im Dorf herumfragen«, sagte James mit schwacher Stimme. »Vielleicht hat jemand Charley gesehen.«

»Ja, du hast Recht, James«, sagte Mandy. Sie machte sich klar, dass sie eine ganze Menge tun konnten. »Wir könnten Plakate aufhängen«, sagte sie und ihre Stimmung hellte sich auf.

»Na siehst du«, sagte Mrs. Hope und schaltete herunter, um in den Wiesenhof einzubiegen. »Ihr habt gerade erst mit eurer Hilfe begonnen.«

Als das Auto auf den Hof fuhr, fühlte sich Mandy schon viel besser. Gewiss war es sinnlos, den Kopf hängen zu lassen. Man musste positiv denken. Und positiv denken bedeutete alles zu tun, um Charley zu finden!

Auf dem Hof stand Mr. Janeki in der Scheunentür. Er trug einen braunen Arbeitsanzug und schwarze, schlammige Gummistiefel. Sein rundes Gesicht sah bitter aus.

»Ihr beiden bleibt besser im Auto«, sagte Mrs. Hope und stieg aus. »Es wird nicht lange dauern.«

Mandy sah, wie Mr. Janeki Mrs. Hope begrüßte. Sie standen da und sprachen miteinander. Mr. Janeki zeigte mit dem Finger auf eine Wiese, die hinter dem Hof lag. Dann verschwanden er und Mrs. Hope in der Scheune.

Mandy wandte sich zu James um. »Wir erzählen Oma und Opa von Charley«, sagte sie. »Sie haben sicher ein paar gute Ideen. Oma ist immer eine Hilfe, wenn man Probleme hat. Und Opa sucht mit uns vielleicht in seinem Wohnmobil die Täler ab.«

»Prima Idee.« James' Gesicht hellte sich auf. »Ich werde alles tun, was ich kann, um zu helfen.«

»Danke, James«, sagte Mandy mit einem Seufzer. Es ist schön, einen so guten Freund zu haben, dachte sie.

Mrs. Hope kam mit Mr. Janeki aus der Scheune heraus. Ihr Gesicht war ernst, als sie auf den Wagen zuging und einstieg.

»Was ist los, Ma?«, fragte Mandy.

»Eines von Mr. Janekis Schafen ist von einem Hund angefallen worden«, sagte Mrs. Hope mit einem besorgten Stirnrunzeln.

Mandy schlug sich die Hand vor den Mund. »Du glaubst doch nicht ...«

Das Gesicht ihrer Mutter war angespannt. »Ich fürchte doch, Mandy. Es könnte durchaus Charley gewesen sein!«

5. Kapitel

»Woher willst du wissen, dass es Charley gewesen sein könnte?«, beharrte Mandy. »Sie würde so etwas bestimmt nicht tun, oder?«

»Jedenfalls war es ein schwarzer Hund. Sie könnte es gewesen sein«, sagte Mrs. Hope, während sie den Geländewagen in Richtung Dorf und Haus Flieder lenkte. »Und du weißt, wenn Charley es war, dann wird sie vielleicht erschossen.«

»Ich weiß.« Mandys Herz machte vor Angst einen Satz. »Deshalb müssen wir sie finden, Ma«, sagte sie entschlossen. »So schnell wie möglich.«

Als sie vor dem Haus anhielten, sah Mandy, dass ihr Großvater unter dem großen Fliederbaum, der dem Haus seinen Namen gegeben hatte, Rasen mähte. Mandy liebte den Geruch von frisch gemähtem Gras. Er erinnerte sie an Sommertage, an denen sie auf dem Rasen saß und Großmutters selbst gemachte Limonade trank.

Mandy und James kletterten mit Jess aus dem Wagen und traten durch das Vordertor.

»Dieses Gras scheint im gleichen Tempo zu wachsen, wie ich es schneide«, sagte der Großvater. Er machte den Rasenmähermotor aus und umarmte Mandy. »Hallo, James«, fügte er mit einem Lächeln hinzu.

»Hallo, Mr. Hope«, sagte James munter.

Der Großvater beugte sich hinunter, um Jess zu streicheln. »Hallo, Jack Russell. Sie wird dick, Mandy.«

»Ich weiß. Pa sagt, ich füttere sie zu viel, aber sie scheint ständig Hunger zu haben.«

Der Großvater winkte Mrs. Hope, die vom Bordstein losfuhr, zum Abschied. »Na kommt, ihr beiden. Lasst uns Oma suchen. Der Duft von diesem Schokoladenkuchen macht mich schon den ganzen Morgen verrückt.« Er führte sie an seinem Fahrrad vorbei, das an der Mauer lehnte, durch den duftenden Kräutergarten und in die warme, gemütliche Küche. »Das Wohnmobil ist beim Kundendienst, deshalb bin ich heute mit dem Fahrrad nach Walton gefahren«, erklärte er.

»Sie sind da, Dorothy!«, rief er seiner Frau zu. Mandy hörte Musik und die Stimme von jemandem, der Anweisungen gab. »Sie macht ihr Aerobic«, sagte der Großvater augenzwinkernd. »Dorothy!« Er verschwand im Hinterzimmer. Mandy hörte, wie der Videorekorder ausgeschaltet wurde. Einen Moment später erschien die Großmutter in ihrem grünen Trainingsanzug. Ihr Gesicht war gerötet.

Sie umarmte Mandy. »Mandy! Schön dich zu sehen. Und dich auch, James. Na, wie wäre es mit einem Stück Kuchen?«

Sie ging hinaus und kehrte mit einem gewaltigen Schokoladenkuchen mit Orangenguss zurück. Mandy sah, wie James' Augen sich voller Erstaunen weiteten. »Mögt ihr auch etwas Milch?«, fragte die Großmutter.

»Ja, bitte«, riefen sie im Chor. Mandy tat ihr Bestes, fröhlich zu wirken, aber sie sah, dass der Großmutter Mandys bekümmertes Gesicht nicht entging.

»Was ist los, Mandy?« Die Großmutter schnitt vier Scheiben von dem Kuchen ab und legte sie auf hübsche Porzellanteller. »Erzähl mal, was ist passiert?«

Plötzlich sprudelte alles aus Mandy heraus: der Besuch in der Villa Greifenstein; dass George Sims die arme Charley während des Gewitters nach draußen gelassen hatte; dass sie nicht zurückgekommen war; dass sie vergeblich nach ihr gesucht hatten.

»Und eines von Mr. Janekis Schafen ist angefallen worden«, fügte Mandy hinzu, den Tränen nahe. »Wir haben furchtbare Angst, dass es vielleicht Charley war, nicht wahr, James?«

James nickte, den Mund voller Kuchen.

»Und jetzt wollen wir im Dorf herumfragen und ein paar Plakate machen, wo draufsteht, dass Charley vermisst wird«, fügte Mandy hinzu. »Fällt dir noch irgendetwas ein, was wir tun könnten, Oma?«

»Wenn das Wohnmobil hier wäre, würde ich mit euch losfahren, um sie zu suchen«, sagte der Großvater.

»Schon gut, Opa«, sagte Mandy mit einem Seufzer. »Ist nicht zu ändern.«

Mandys Großmutter sah nachdenklich aus. »Hör mal, bei der hiesigen Radiostation gibt es eine Sendung, wo man anrufen kann. Vielleicht könntest du das tun, Mandy ... eine Suchmeldung für Charley senden lassen?« Sie stand auf und ging zur Anrichte. »Ich habe die Nummer in meinem Adressbuch notiert.«

Der Großvater stand auf und wischte sich den Mund ab. »Der Kuchen war wirklich wunderbar, Dorothy. Ich werde jetzt lieber den Rasen fertig mähen, bevor es zu regnen beginnt.«

Mandy nahm das Adressbuch ihrer Großmutter, ging in das Hinterzimmer, in dem sich das Telefon befand, und wählte rasch. Sie war ein bisschen nervös, denn sie hatte noch nie bei einem Radiosender angerufen.

»Radio Yorkshire«, meldete sich jemand prompt.

»Ähm«, sagte Mandy. »Könnten Sie mich bitte mit dem Moderator der Nachmittagssendung verbinden?«

Es knackte einige Male in der Leitung, dann meldete sich die Stimme eines Mannes. »Hallo. Was kann ich für Sie tun?«

Rasch berichtete ihm Mandy von Charley. »Wenn also jemand einen schwarzen Labrador mit einem roten Halsband sieht, dann soll er bitte Welford 703627 anrufen.« Da Mandy sich ziemlich beeilt hatte, die Geschichte zu erzählen, war sie etwas außer Atem.

»Gut, wir werden das etwa um drei Uhr senden«, sagte der Mann.

»Oh, vielen Dank«, hauchte Mandy.

»Viel Glück«, sagte der Mann. Mandy hörte wieder ein Knacken, als er den Telefonhörer auflegte.

Sie ging in die Küche zurück. »Sie senden die Suchmeldung im Nachmittagsprogramm«, sagte sie. »Das nützt bestimmt etwas, oder?« Sie lief zu ihrer Großmutter und umarmte sie. »Danke, Oma, du bist große Klasse. Komm, James, wir wollen losgehen und fragen, ob irgendwer im Dorf Charley gesehen hat!«

Mandys Großeltern standen am Tor und winkten zum Abschied.

»Wo sollen wir zuerst hingehen?«, fragte James. Er rannte, um mit Mandy Schritt zu halten.

»Wir versuchen es auf der Poststelle«, sagte Mandy. In der Poststelle des Dorfes gab es nicht nur Briefmarken, sondern so ziemlich alles zu kaufen. Zeitungen, Lebensmittel, Süßigkeiten, Wäscheklammern und sogar Büromaterial. Die kleine Glocke ertönte, als Mandy eintrat. James blieb mit Jess draußen, da Hunde im Laden nicht erlaubt waren.

Mrs. McFarlane, die Besitzerin, stand hinter dem Ladentisch. »Hallo, Mandy.«

»Mrs. McFarlane«, sagte Mandy, »haben Sie zufällig einen schwarzen Labrador gesehen?«

»Meinst du Blackie, den Hund von James Hunter? Ist er weggelaufen?«

Mandy schüttelte den Kopf. »Nein ... wie Blackie, aber eine Hündin. Sie gehört zu dem Filmteam oben in der Villa Greifenstein und sie ist verschwunden.«

Mrs. McFarlane schüttelte den Kopf. Sie war eine freundliche Frau und kannte alle Leute. Wenn irgendjemand Charley gesehen hatte, würde sie es wissen. »Nein, bedaure, Mandy, ich habe sie nicht gesehen.«

»Wenn wir ein Suchplakat machen, würden Sie es in das Fenster hängen?«

Mrs. McFarlane lächelte. »Natürlich, Mandy. Das will ich gern tun.«

»Danke, Mrs. McFarlane.« Mandy freute sich. Es war wunderbar, in einem Ort wie Welford zu leben, in dem jeder gern half.

Draußen wartete James. »Glück gehabt?«

Mandy schüttelte den Kopf. »Nein, aber Mrs. McFarlane will ein Plakat für uns aufhängen.«

»Lass es uns bei Mr. Oliver in der Metzgerei versuchen«, schlug James vor.

Aber auch dort hatten sie kein Glück. Sie fragten Ernie Bell, der in dem Häuschen hinter dem Gasthaus wohnte, aber auch er hatte Charley nicht gesehen. Auch nicht Eileen Davy im alten Schulhaus und der verdrießliche Mr. Simmons, der die Hecke des Kirchhofes schnitt. Niemand hatte Charley gesehen. Nachdem Mandy und James fast jeden, den sie kannten, gefragt hatten, begann ihnen ihr Vorhaben hoffnungslos zu erscheinen.

»Komm, James«, sagte Mandy, der wieder elend zu Mute war. »Lass uns zur »Arche« zurückgehen und die Plakate machen.«

Zu Hause angekommen, suchte Mandy etwas Papier für die Plakate. Sie setzten sich an den Küchentisch.

»Eigentlich brauchen wir nur eines«, sagte Mandy und kaute nachdenklich auf dem Ende ihres Bleistiftes herum. »Jean lässt uns sicher ein paar Fotokopien machen, die wir dann im Dorf verteilen können. Hast du eine Idee, James?«

»Wie wäre es damit?« James schrieb etwas auf einen Zettel.

»Das ist super«, sagte Mandy begeistert. »Klasse, James!«

James wurde ein wenig rot.

In diesem Moment kam Mr. Hope in die Küche. »Was macht ihr beiden da?«, erkundigte er sich.

»Wie fertigen ein Plakat wegen Charley an, das wir im Dorf verteilen«, erklärte Mandy.

Mr. Hope schaute James über die Schulter, um das Plakat zu begutachten. »Das ist eine gute Idee. Ma hat mir von Charley erzählt … ich hoffe, sie findet sich wieder ein.«

»Das hoffen wir auch«, sagten Mandy und James im Chor.

»Müsst ihr das Plakat gleich machen?«, fragte Mr. Hope.

»Je schneller, desto besser. Warum?«

»Na ja, ich muss hinauf zum Tierheim fahren. Ich dachte, dass du vielleicht gern mitkommen würdest.«

»Mrs. Platts Pudel!«, rief Mandy. Durch die Sorge um Charley hatte sie ihn völlig vergessen.

Adam Hope hob die Hand. »Ich weiß nicht, ob sie tatsächlich einen Pudel haben, Mandy, aber es wäre eine gute Gelegenheit, um zu fragen. Ich fahre hin, weil jemand einen verletzten Fuchs ins Tierheim gebracht hat.«

»Willst du mitkommen, James?«, fragte Mandy ihren Freund.

James schüttelte den Kopf. »Würde ich gern, aber ich gehe besser nach Hause. Meine Tante kommt heute Nachmittag. Wenn du willst, mache ich das Plakat. Dann können wir es fotokopieren, sobald du zurück bist.«

»Oh, James, das wäre toll.«

James rollte das Papier zusammen. »Dann bis später«, sagte er und ging hinaus.

»Willst du mitkommen, Jess?« Mandy beugte sich hinunter, um Jess zu streicheln, die zusammengerollt in ihrem Korb lag.

»Lass sie«, sagte Mr. Hope. »Sie sieht müde aus.«

Mandy runzelte die Stirn. »Hoffentlich fehlt ihr nichts. Sie macht in letzter Zeit einen etwas schlappen Eindruck.«

»Hmm.« Mr. Hope strich sich nachdenklich über den Bart. »Erinnere mich bitte daran, dass ich nach ihr schaue, wenn wir zurückkommen.«

Zwanzig Minuten später rumpelten und holperten Mandy und ihr Vater die unbefestigte Straße hinauf, die zum Tierheim führte. Mandy starrte schwermütig aus dem Fenster. Sie konnte an nichts anderes denken als an Charley, die irgendwo herrenlos im Moor oder in den Tälern umherlief. Weit in der Ferne konnte sie die Höcker des Penninischen Gebirges sehen. Über den Gipfeln hatten sich weiße Wolken gebildet, die wie zerzauste Wattebäusche am klaren blauen Himmel schwebten.

»Was ist mit dem Fuchs passiert?«, fragte Mandy, um sich von Charley abzulenken.

»Ich fürchte, er ist in eine dieser Drahtfallen geraten«, sagte Mr. Hope mit einem grimmigen Gesicht.

Mandy tat das arme Wildtier entsetzlich Leid. »Ich hasse Fallen«, verkündete sie zornig. »Sie sollten verboten werden. Ich begreife nicht, wie man sie überhaupt aufstellen kann.«

Sie fuhren durch das Tor hindurch. Auf dem großen Schild stand »Tierheim Welford« und darunter war mit grauer Farbe ein Esel gemalt worden.

Betty Hilder, die Frau, die das Tierheim betrieb, kam aus einem der Schuppen, um sie zu begrüßen. Sie trug einen langen geblümten Rock mit einer Männer-Tweedjacke darüber und schwere Stiefel. Ihr Gesicht war braun und vom Wetter gegerbt. Beim Gehen strichen ihr ein paar ziemlich dünne Katzen um die Beine.

»Danke, dass Sie gekommen sind, Adam.« Sie schüttelte Mr. Hope die Hand. »Der Fuchs ist in der Scheune. Kommen Sie und sehen Sie ihn sich an.«

Der verletzte Fuchs lag in einem Drahtkäfig in einer alten Steinscheune neben einer Reihe von Hundezwingern. Als Mandy und ihr Vater näher kamen, fletschte er angsterfüllt die Zähne.

»Ich glaube, sein Bein ist gebrochen«, sagte Betty. »Aber er lässt mich nicht heran.«

Mandy beugte sich herunter, um in den Käfig zu schauen. Sie war aufgebracht und bestürzt wegen des verletzten Fuchses. Warum wurden wilde Tiere nicht einfach in Ruhe gelassen?

Als sie sich wieder aufrichtete, reichte Mr. Hope ihr ein Paar feste Handschuhe aus seiner Tasche. »Hier. Zieh die an. Wir werden uns die Sache mal ansehen.«

Mandy nahm den Kopf des jungen Fuchses fest zwischen die Hände. Er hatte rotes, glänzendes Fell und einen wunderhübschen weißen Latz. Rasch untersuchte Mr. Hope das geschwollene Vorderbein.

»Wie es aussieht, hat er daran geleckt, Pa.« Mandy spürte, wie Mitleid in ihr aufwallte. Der Fuchs schaute sie mit seinen schwarzen Augen ängstlich an.

»Stimmt. Aber ich fürchte, Lecken allein reicht nicht, damit es wieder in Ordnung kommt«, sagte Mr. Hope mit einem finsteren Ausdruck auf seinem sonst so gutmütigen Gesicht.

»Keine Bange«, sagte Mandy zu dem sich wehrenden Fuchs. »Wir werden dir nicht wehtun.«

»Das Bein ist zweifellos gebrochen«, sagte Mr. Hope. »Ich werde ihm eine Spritze geben, damit er schläft, während ich es verbinde. Könnten wir bitte eine Schüssel heißes Wasser bekommen, Betty?«

Mandy hielt das ängstliche Tier sorgsam fest, während Mr. Hope ihm ein leichtes Betäubungsmittel spritzte. Sie spürte, wie der Fuchs langsam erschlaffte. Seine Augen schlossen sich und er schlief ein.

Betty kam mit einer Schüssel dampfenden Wassers.

»Es wird nicht lange dauern.« Mr. Hope nahm eine Rolle feinen weißen Verband aus seiner Tasche. »Den weichen wir in dem heißen Wasser ein«, erklärte er. »Er wird dann ganz nachgiebig und wir können ihn um das gebrochene Bein wickeln.«

»Und wenn er trocknet«, fuhr Mandy fort, »wird er hart wie ein Gipsverband.«

»Was glauben Sie, wie lange muss er den Verband tragen?«, fragte Betty, als sie fertig waren.

»Ein paar Wochen«, sagte Mr. Hope. »Dann sollte der Kleine wieder völlig in Ordnung sein.«

»Danke, Adam, danke, Mandy«, sagte Betty lächelnd zu den beiden.

»Halten Sie ihn warm und geben Sie ihm reichlich zu trinken.« Mr. Hope strich über das glänzende rote Fell, während Mandy den Fuchs wieder in seinen Käfig legte.

»Was schulde ich Ihnen?«, fragte Betty.

Mr. Hope tätschelte Bettys Arm. »Nichts. Ich wollte Sie sowieso besuchen.« Er zwinkerte Mandy zu. Ihr Vater stellte dem Tierheim nie eine Rechnung. Aber erzähl das nicht deiner Mutter, schien das Zwinkern zu sagen.

Sie gingen zusammen nach draußen.

»Betty«, sagte Mandy. »Sie haben nicht zufällig einen Pudel abzugeben? Mrs. Platt musste ihren Pudel einschläfern lassen und kann es sich nicht leisten, einen neuen zu kaufen.«

»Bedaure, Mandy, im Moment nicht«, erwiderte Betty. »Aber wenn wir einen Pudel bekommen, sage ich dir Bescheid.«

»Danke«, erwiderte Mandy. »Ach, übrigens, falls Sie einen schwarzen Labrador sehen oder jemand einen Labrador bringt, dem Filmteam in der Villa Greifenstein ist einer entlaufen.«

»Liebe Güte«, sagte Betty. »Natürlich. Wenn ich irgendetwas höre, lasse ich es dich wissen«, versprach sie.

Als sie davonfuhren, warf Mandy noch einmal einen Blick zurück auf die Hundezwingerreihen. Sie war traurig und wütend, dass es auf der Welt so viele heimatlose Tiere gab.

Ein paar Meilen vor dem Dorf klingelte das Autotelefon.

»Ja«, hörte Mandy ihren Vater sagen. »Wo? Ich werde es ihr sagen. Danke, Jean.«

»Mr. Redpath hat bei Jean angerufen. Er hat auf einer seiner Wiesen einen schwarzen Hund gesehen. Offenbar ist er in Richtung Fluss gelaufen«, erklärte Mr. Hope.

»Oh, Pa!« Hoffnung keimte in Mandy auf. »Das könnte Charley gewesen sein. Hat Mr. Redpath gesagt, ob der Hund ein Halsband trug?«

»Ja.« Mr. Hope warf seiner Tochter einen Blick zu. »Es war rot.«

»Juhu!«, rief Mandy und klatschte in die Hände. »Oh Pa, dann ist sie es vielleicht wirklich gewesen.«

Auf dem ganzen Nachhauseweg hatte Mandy Herzklopfen. Charley war tatsächlich noch am Leben und in der Gegend. Es konnte nur eine Frage der Zeit sein, bis sie sie fanden!

6. Kapitel

Darf ich das Radio einschalten, Pa?«, fragte Mandy, als sie sich dem Dorf näherten.

»Ja, natürlich, Mandy.«

»Ich habe Radio Yorkshire angerufen. Im Nachmittagsprogramm senden sie eine Suchmeldung für Charley«, erklärte sie. Als Mandy das Radio einschaltete, ging die Sendung gerade zu Ende.

»Oh.« Mandy war enttäuscht. »Ich hätte so gern gehört, was sie sagen.«

Der Moderator sprach noch.

»Pst.« Mr. Hope drehte das Radio lauter. »Hör mal!«

»Und nun möchte ich Sie noch einmal an die entlaufene Hündin erinnern«, sagte der Sprecher. »Sie heißt Charley und trägt ein rotes Halsband. Falls Sie den Labrador sehen, rufen Sie bitte Welford 703627 an. Dort wartet ein sehr besorgtes Mädchen verzweifelt auf Nachricht.«

Mandy schaute ihren Vater an. »Das hat sich prima angehört, oder?« Neue Hoffnung keimte in ihr auf.

»Ja.« Mr. Hope tätschelte Mandys Knie. »Wollen wir hoffen, dass es seinen Zweck erfüllt.«

Daheim in der »Arche« wartete James auf sie.

»Ich habe es geschafft, Ma und meiner Tante zu entwischen«, gestand er. »Ich habe gesagt, es wäre wirklich brandeilig.«

»Ist es doch auch.« Mandy berichtete James, dass Mr. Redpath einen Hund mit einem roten Halsband gesehen hatte.

»Das ist vielleicht Charley gewesen!«, sagte James aufgeregt.

»Ich weiß«, erwiderte Mandy. »Deshalb müssen wir die Plakate rasch aufhängen ... damit alle wissen, wer sie ist, falls jemand sie sieht.«

James hatte das Plakat mit dickem grünem Filzstift geschrieben und auf eine Seite einen schwarzen Labrador gemalt.

»Oh, James, das ist super! Komm, wir wollen Jean fragen, ob wir den Fotokopierer benutzen dürfen.« Sie gingen zum Empfang der Praxis.

Jean Knox sah gerade den blauen Terminkalender durch. Als Mandy und James hereinkamen, schaute sie auf und lächelte.

»Dürfen wir das Fotokopiergerät benutzen, Jean?«, fragte Mandy.

Jean nahm ihre Brille ab. Sie baumelte an einer Silberkette vor ihrer handgestrickten rosa Jacke. »Was ist das?« Was die Bürogeräte betraf, war Jean etwas pingelig.

»Ein Plakat«, erklärte Mandy. »Wegen Charley, dem vermissten Filmhund.«

»Bitte, bedient euch.«

Sie gingen ins Hinterzimmer. Das Kopiergerät surrte, während Mandy ein Dutzend Kopien machte.

»Wohin gehen wir zuerst?«, fragte James, als sie nach draußen eilten.

»Ich werde den Pfarrer fragen, ob wir im Mitteilungskasten der Kirche ein Plakat aufhängen dürfen«, sagte Mandy. »Das ist ein toller Platz. Jeder, der ins Dorf kommt, muss an ihm vorbei.«

Sie gingen über den Dorfanger und nahmen die Abkürzung am Gasthaus »Zum schlauen Fuchs« vorbei. Der alte Walter Pickard befand sich im Vorgarten seines kleinen Steinhauses und entfernte an seinen Rosen welke Blüten. Sein dicker Kater lag auf der Türschwelle in der Spätnachmittagssonne und schlief. Walter Pickard war ein alter Freund von Mandys Großvater. Die beiden läuteten schon seit Jahren zusammen die Kirchenglocken.

»Na, ihr beiden«, rief Walter Pickard. »Wohin des Wegs?«

»Hallo, Mr. Pickard. Wir wollen den Pfarrer fragen, ob er eines von diesen Plakaten hier aufhängt.« Mandy zeigte es ihm.

»Worum geht es denn da?«

Rasch berichtete ihm Mandy von Charley.

»Habe sie nicht gesehen. Sie ist also ein Star?«

»Na ja«, sagte Mandy. »Für uns ist sie ein Star, weil sie so wunderschön ist.«

»Wir dachten, dass das Plakat die Leute vielleicht wachsamer machen wird«, fügte James hinzu.

»Ja, das tut es bestimmt. Dann viel Glück, junge Dame. Ich werde die Augen offen halten.«

»Danke, Mr. Pickard.«

Vor der Kirche stieg Mr. Hadcroft, der Pfarrer von Welford, gerade von seinem Fahrrad.

Mandy und James liefen zu ihm hinüber.

»Hallo, ihr beiden.« Der Pfarrer nahm seinen Sturzhelm ab. »Ihr seht so aus, als hättet ihr es eilig.«

»Ja, ein bisschen.« Mandy war plötzlich eingefallen, dass bald Ladenschluss war. In etwa fünfzehn Minuten würden die Geschäfte schließen und die Plakate bis morgen warten müssen. Ihr Herz machte einen Satz, wenn sie daran dachte, dass Charley nun fast einen ganzen Tag fort war.

»Könnten Sie dieses Plakat vielleicht in den Mitteilungskasten hängen?«, bat Mandy. »Sie würden uns einen Riesengefallen tun.«

Mr. Hadcroft schaute das Plakat an. »Selbstverständlich«, sagte er. Dann steckte er es mit mehreren rostigen Reißzwecken fest. Er trat zurück. »So sieht es gut aus. Hoffentlich habt ihr Glück bei eurer Suche.«

»Danke!«, sagten Mandy und James im Chor. Sie rannten über den Anger zur Poststelle. Mrs. McFarlane zählte gerade das Geld in der Ladenkasse.

»Hier ist das Plakat wegen Charley«, japste Mandy.

»Leg es auf die Theke, meine Liebe«, sagte Mrs. McFarlane und steckte einen Haufen Zehnpencestücke in eine blaue Tasche. »Ich hänge es auf, sobald ich das Geld gezählt habe.«

Mandy und James rannten zurück zum Lebensmittelgeschäft, dann zum Metzger. Bald hing in jedem Laden des Dorfes das Plakat im Fenster. Eines hängten sie sogar an der riesigen Eiche beim Dorfweiher auf.

»Gerade noch geschafft«, keuchte James, als die allerletzte Türglocke hinter ihnen erklang. »Jetzt können wir nur abwarten und schauen, was passiert.«

»Ich rufe heute Abend in der Villa Greifenstein an und erzähle ihnen, was wir gemacht haben«, sagte Mandy. »Vor dem Abendessen habe ich gerade noch Zeit, meine Arbeiten zu erledigen.«

In der Tierklinik begann eben die Abendsprechstunde. Mandy steckte ihren Kopf zur Tür herein. »Wir sind wieder da«, sagte sie zu ihrer Mutter.

Mrs. Hope saß am Tisch und zählte steril verpackte Spritzennadeln. Sie schaute auf. »Wo wart ihr denn?«

»Wir haben im ganzen Dorf Plakate wegen Charley aufgehängt.«

»Gut gemacht, Mandy.« Mrs. Hope stellte die Kiste wieder in das Regal. »Ich hoffe, ihr habt Erfolg.«

Als sie am Behandlungszimmer vorbeikamen, sah Mandy Jess auf dem Tisch stehen. Mr. Hope beendete eben die Untersuchung.

»Ist alles in Ordnung mit ihr, Pa?« Mandy ging hinein und streichelte den Terrier.

Mr. Hope warf Mandys bangem Gesicht einen Blick zu. »Es geht ihr bestens, Mandy.« Er lächelte. »Wirklich bestens.«

»Gut.« Mandy stieß einen Seufzer der Erleichterung aus. Ein entlaufener Labrador und ein kranker Terrier – das wäre einfach zu viel gewesen!

Später, als James zum Abendessen nach Hause gegangen war, rief Mandy in der Villa Greifenstein an. Sie war so gespannt, ob es Neuigkeiten von Charley gab, dass sie es kaum fertig gebracht hatte, etwas zu essen.

Glücklicherweise war Ben Burton, Mr. Curtis' Assistent, am Telefon.

»Oh, hallo, Mandy. Vermutlich hast du nichts von dem Hund gehört, oder?«

»Nein«, erwiderte Mandy. »Deshalb rufe ich ja an. Ich hatte gehofft, Sie hätten etwas gehört.«

»Nein … nichts. Und ›Tierstars‹ hat keinen weiteren schwarzen Labrador zur Verfügung. Ich weiß wirklich nicht, was wir tun sollen!«

Mandys Herz sank. Trotz der Plakate und der Suchmeldung im Radio hatte sie sich immer noch an die Hoffnung geklammert, dass Charley vielleicht selbst zur Villa Greifenstein zurückfinden würde.

»Einer der hiesigen Bauern hat einen schwarzen Labrador gesehen«, berichtete sie Ben. »Ich hatte gehofft, dass es Charley ist, aber seitdem haben wir nichts mehr gehört.« Sie warf einen Blick auf die Uhr über dem Kamin. Es war halb neun und beinahe vierundzwanzig Stunden her, dass Charley fortgelaufen war!

»Ich weiß, du machst dir Sorgen um sie«, sagte Ben, »aber wir müssen weiterdrehen. Du kennst nicht zufällig einen Hund, den wir statt Charley nehmen könnten, Mandy?«

»Hm«, sagte Mandy, denn ihr kam eine Idee. »Mein Freund James hat einen schwarzen Labrador.«

»Prima! Folgt er gut?«

»Na ja…« Mandy zögerte. Sollte sie ein bisschen schwindeln? James würde furchtbar stolz sein, wenn Blackie in einem Film mitspielte. »Nicht so schlecht.« Eigentlich war das gar nicht richtig geschwindelt. Blackie folgte wirklich nicht so schlecht. Allerdings auch nicht besonders gut.

»Könntest du ihn herbringen? Wir könnten wenigstens einen Versuch machen«, sagte Ben. Er klang erfreut.

»Ich denke, dass es geht. Ich werde mich erkundigen.«

»Mandy, du bist ein Schatz. Mr. Curtis wird furchtbar froh sein.« Ben schien begeistert. »Kannst du morgen kommen?«

»Ich denke schon«, sagte Mandy. »Ich werde James gleich anrufen, wenn Sie wollen. Und ich bin sicher, dass mein Vater uns fahren wird.«

»Fein«, sagte Ben. »Dann bis morgen.«

James war schrecklich aufgeregt, als Mandy ihn anrief und ihm berichtete, was Ben Burton gesagt hatte.

»Ich werde ganz früh aufstehen und Blackie baden«, sagte James.« Er hat sich heute Morgen im Dreck gewälzt und darf deshalb im Moment nicht ins Haus.«

»Das sieht ihm ähnlich«, sagte Mandy. Seufzend legte sie den Telefonhörer auf. Blackie als Double für Charley war schön und gut. Doch was sie wirklich brauchten, war Charley selbst.

Am nächsten Morgen standen in aller Herrgottsfrühe James und ein supersauberer Blackie vor der Tür.

»Mann! Ihr seid aber früh da«, sagte Mandy, als sie auf James' Klopfen hin die Tür öffnete.

»Blackie bekommt nicht jeden Tag so eine große Chance«, sagte James stolz.

Mr. Hope kam aus der Praxis. »Ich bringe euch zur Villa Greifenstein«, sagte er. »Ma macht heute Morgen die Sprechstunde. Auf dem Weg müssen wir auf dem Sonnenhof vorbeischauen … Dort ist eine Kuh an Milchfieber erkrankt.«

Als sie auf dem Sonnenhof eintrafen, kam Mr. Jones, der Landwirt, aus dem rechteckigen Bauernhaus aus grauem Stein und begrüßte sie. In seinem Mundwinkel hing eine leere Tabakspfeife. Mandy hatte ihn noch nie ohne die Pfeife gesehen. Sie zischte und blubberte wie ein Wasserkessel, wenn er daran zog.

»Passt auf, dass Blackie im Auto bleibt«, mahnte Mr. Hope. »Wir wollen nicht, dass die Kuh sich aufregt, gerade jetzt, wo sie ein kleines Kalb hat.«

»Hat sich heute Morgen hingelegt«, erklärte Mr. Jones. *Saug, saug, zisch, blubber.* »Wir haben versucht, sie auf die Beine zu bringen, aber es ging nicht.«

In der Scheune lag eine cremefarben und braun gescheckte Kuh im Stroh. Ihre Beine waren unter den Leib gezogen. Der Bauer hatte sie mit einigen Heuballen gestützt, um zu verhindern, dass sie zur Seite kippte. Neben ihr stand ein Kalb mit sanften Augen, das kaum älter als ein paar Stunden war. Es muhte leise und schwankte auf wackeligen Beinen davon. Im Stall roch es angenehm nach frischer Milch und Heu.

Mr. Hope kniete neben der Mutterkuh nieder und strich mit der Hand über ihre Flanken. »Okay, altes Mädchen«, sagte er. »Wir haben dich bald wieder auf den Beinen.«

Mandy wusste, was zu tun war. »Soll ich die Flasche Kalzium aus deiner Tasche holen, Pa?«

»Ja, bitte, Mandy. Und eine Nadel und einen Schlauch.«

»Milchfieber wird durch akuten Kalziummangel verursacht, der kurz nach der Geburt eines Jungen auftreten kann«, sagte Mr. Hope erklärend zu James, der große Augen machte. »Ich werde der Kuh etwas Kalzium geben und dann ist sie bald wieder putzmunter.«

Mr. Hope nahm Mandy die Injektionsnadel ab und steckte sie an einen langen dünnen Schlauch. Das andere Ende des Schlauchs befestigte er an einer Flasche. Rasch schob er die Nadel in eine Vene der Kuh.

»Halt bitte die Flasche hoch, Mandy.«

Als das Kalzium in das Blut der Kuh einfloss, begann sie sich zu bewegen. Nach einer Weile zog Mr. Hope die Nadel heraus. Er wischte sich die Hände an seinem Kittel ab. »Gut, nun tretet ein Stück zurück, sie wird jetzt aufstehen.«

Mandy hielt den Atem an. Die Kuh rappelte sich mühsam hoch. Mandys Herz klopfte heftig. Würde die Kuh wieder umfallen? Mandy hatte ihrem Vater viele Male bei dieser Arbeit geholfen und wusste, dass dies immer ein kritischer Moment war.

Die Mutterkuh schwankte in dem sonnengelben Stroh hin und her wie ein großes Schiff auf dem Meer. Dann schien sie ihr Gleichgewicht zu finden. Als ihr Kalb angetrottet kam, ging sie darauf zu und muhte sanft. Dann ertönte ein neues Sauggeräusch, denn das Kalb begann gierig die Milch seiner Mutter zu trinken.

Mandy seufzte erleichtert auf. In Situationen wie dieser wurde ihr deutlich, dass sie wirklich helfen konnte, einem Tier das Leben zu retten, und dann wollte sie mit noch mehr Begeisterung als sonst selber Tierärztin werden.

»Vielen Dank, Adam.« Mr. Jones sah erleichtert aus. *Saug, saug, blubber, blubber,* machte seine leere Pfeife. »Ich kann es mir nicht leisten, eine so gute Milchkuh zu verlieren. Bravo, Mandy. Ich sehe schon, du wirst eines Tages selbst einmal eine großartige Tierärztin werden.« *Blubber, blubber…*

Mandy lief vor Stolz rot an.

»Wir sind auf dem Weg zur Villa Greifenstein«, hörte sie ihren Vater sagen.

»Irgendeine Spur von dem vermissten Hund? Ich hörte davon, als ich gestern in die Poststelle ging«, sagte Mr. Jones.

»Bis jetzt nicht. Aber wir drücken weiter die Daumen und in der Zwischenzeit wird James' Hund als Ersatz einspringen.«

Der Bauer grinste und zog noch fester an seiner leeren Pfeife. »Viel Glück!«

Aber es lief nicht alles ganz so, wie Mandy es erwartet hatte. Als sie vor der Villa Greifenstein anhielten, flog plötzlich die Eingangstür auf und ein Strom von Menschen ergoss sich ins Freie. Er wurde von einer Frau in einem weißen Seidenkleid angeführt.

»Das ist Antonia Kent«, flüsterte Mandy ihrem Vater zu. »Was ist denn jetzt bloß wieder los?«

Eingehüllt in Seide, kam Antonia Kent mit großen Schritten auf sie zu. Hammond Curtis, der ein Klemmbrett in die Luft hielt, rannte ihr hinterher. Statt seiner üblichen Baseballmütze trug er heute ein rotes Tuch um den Kopf. Ihm folgte Ben Burton. Er hatte etwas in der Hand, das wie eine Tasse Tee aussah. Als Nächste kam eine der Produktionsassistentinnen. Dann verschlug es Mandy vor Überraschung den Atem, denn jetzt stürzte ein Mann in einem altmodischen Frack und Zylinder aus dem Haus. Sein weißes Hemd war blutverschmiert und aus seiner Brust ragte ein Dolch mit einem rubinbesetzten Griff – aber der Mann rannte wie ein gesunder Sportler! Das Schlusslicht bildete ein rot-grünes wirbelndes Etwas – Mr. Baggins, der Papagei!

»Mr. Baggins.« Mandy kletterte hastig aus dem Landrover und rannte auf den Papageien zu. »Mr. Baggins!«

Mit einem gellenden Schrei flog der leuchtend gefärbte Vogel über Antonia Kents Kopf hinweg. Sie duckte sich zu Boden und ihre Hände wirbelten wie Windmühlenflügel in der Luft herum.

»Dieser abscheuliche Kerl! Warum fängt ihn denn niemand?«

»Guten Morgen!«, kreischte Mr. Baggins. *»Wo ist Charley?«* Dann landete er ohne Zögern auf Mandys Kopf.

»Bitte schön«, sagte Miss Kent theatralisch. Sie reckte ihre Nase in die Luft. Ihre Perücke war ihr über das Auge gerutscht. »Wenn das Mädchen so gut mit Tieren umgehen kann, soll *sie* doch die Hauptrolle in diesem schrecklichen Film spielen. Ich gehe!«

7. Kapitel

»Was um alles in der Welt geht hier vor?« Mr. Hope sperrte den Mund auf, als er die Prozession von Leuten aus der Villa strömen sah.

»Komm herunter, Mr. Baggins«, befahl Mandy. Der ungezogene Papagei trippelte auf ihren Finger. Dann hüpfte er auf ihre Schulter.

»*Wo ist der Tee? Ich möchte ein Yeah, Yeah sein*«, murmelte ihr Mr. Baggins ins Ohr.

Hammond Curtis, der Regisseur, versuchte Antonia Kent mit einem Becher Tee zu beruhigen. Sie saßen auf der Steintreppe, in ein ernstes Gespräch vertieft.

»Ich bin sicher, dass sich der Papagei jetzt benehmen wird, wo Mandy da ist«, sagte Mr. Curtis. Mandy sah, wie er ihr über die Schulter der Schauspielerin hinweg zuzwinkerte.

»Er hat versucht, nach meinen Leberfleck zu hacken«, schniefte Antonia Kent und wischte sich die Augen.

»Er dachte, es wäre ein Sonnenblumenkern … Nun beruhige dich doch, Antonia.« Mr. Curtis tätschelte Antonia Kents zitternde Schulter.

Mandy bemühte sich, nicht laut loszulachen. »Wir haben Blackie dabei«, brachte sie gerade noch heraus.

Mr. Hope war in den Stall gegangen, um nach einem der Pferde zu schauen, das lahmte. Blackie saß lammfromm neben James.

Plötzlich erhob sich Mr. Curtis. Er klatschte in die Hände. »Okay, alle wieder ins Haus. Ich konnte Miss Kent überreden, dass sie weiterdreht, und wie es aussieht, ist auch Charleys Ersatz eingetroffen. Lasst uns wieder an die Arbeit gehen, ja?«

Sie marschierten hintereinander ins Haus zurück. Mr. Curtis wartete auf Mandy und James.

»Und das ist Blackie?« Er streichelte den Hund. »Danke, dass du ihn mitgebracht hast, junger Mann.«

»Schon okay«, murmelte James schüchtern.

»Ich hoffe, er wird folgsam sein.«

»O nein ... ich meine ja.« James wurde rot.

»Ich denke, er wird folgen«, sagte Mandy hastig. »Zum ersten Mal überhaupt«, flüsterte sie leise.

»Ich habe ihn abgerichtet«, sagte James und sah Mr. Curtis an.

»Gut.« Mr. Curtis klopfte James auf die Schulter.

Plötzlich flatterte Mr. Baggins kreischend zum Kronleuchter hinauf. Ein gellender Schrei erfüllte die Luft. Mandy hörte, wie ein Stöhnen durch das Filmteam ging.

»Okay, okay«, rief Mr. Curtis. »Lassen wir ihn erst einmal dort oben.«

Jemand trat mit einer schwarz-weißen Klappe vor.

»Nehmt eure Plätze ein«, befahl Mr. Curtis.

Der Mann mit dem Dolch in der Brust lag rücklings auf dem Tisch in der Halle. Jemand lief mit einer Flasche zu ihm und spritzte eine klebrige rote Flüssigkeit auf den Boden.

»Nicht zu viel«, rief Mr. Curtis. »Das ist kein Horrorfilm.«

Er winkte James zu sich. »Kannst du dafür sorgen, dass sich dein Hund neben den Kamin legt, junger Mann?«

»Ich werde es versuchen«, sagte James.

Mandy hielt den Atem an. Plötzlich fiel ihr all der Ärger ein, den Blackie bei der letzten Welford-Schau gemacht hatte, als er sich Mrs. Ponsonbys Hut geschnappt hatte und mit ihm über den Turnierplatz getobt war. »Oh, Blackie«, flüsterte sie. »Bitte sei brav!«

James führte Blackie zu dem großen steinernen Kamin und machte die Leine los. »Platz!«, befahl er. James kramte in seiner Hosentasche herum. Er hielt einen Hundekuchen hoch. »Platz!«, sagte er wieder.

Blackie legte sich hin, den Kopf auf den Pfoten. Seine Augen wanderten durch den Raum. Mandy schlug das Herz bis zum Hals. Blackie starrte zu Mr. Baggins hinauf. Mr. Baggins starrte auf Blackie hinunter. James entfernte sich mit erhobener Hand. Blackie lag still da. Es wird alles klappen, dachte Mandy. Es wird wirklich alles klappen!

Ben nahm Mandy beiseite. »Das ist die Szene unmittelbar nach dem Mord«, flüsterte er. »Blackie … ähm … Schwarze Rose und Mr. Baggins sind die einzigen Zeugen.«

»Oh«, flüsterte Mandy. Miss Kent sah so wütend aus, als könnte sie tatsächlich jemanden erdolchen.

»Dann zieht sie den Dolch heraus und versteckt ihn im Geschirrschrank. Aber Schwarze Rose spürt ihn auf.«

»Oje!« Mandy bekam große Augen. »Ich bin nicht sicher …«

»Was?«, fragte Ben.

»Ach, nichts«, erwiderte Mandy. Dies war vielleicht nicht der richtige Zeitpunkt, Ben zu sagen, dass Blackie nur darin gut war, sein Futter aufzuspüren!

»Diese Szene haben wir gedreht, bevor ihr kamt«, fuhr Ben fort. »Aber dann entwickelte Mr. Baggins plötzlich lebhaftes Interesse an dem Leberfleck auf Antonia Kents Wange.«

Mandy kicherte. Das Ganze machte ihr einen Riesenspaß.

»Ruhe!«, brüllte Mr. Curtis.

Antonia Kent nahm ihren Platz bei der Leiche ein. Die Klappe fiel. Alle waren bereit.

Antonia Kent tat so, als schaute sie sich vorsichtig um. Dann begann sie, immer noch über ihre Schulter blickend, den Dolch aus der Brust des Mannes zu ziehen.

Ein plötzlicher Tumult auf dem Flur im ersten Stock ließ sie erstarren. Die drei Katzen stürzten die Treppe hinunter und vor ihnen floh entsetzt eine kleine graue Maus. Sie rasten durch die Halle und zur Tür hinaus.

Mr. Baggins kreischte erschreckt. *»Sie liebt Tee!«*, schrie er. *»Wo ist Charley?«*

Antonia Kent stieß einen Schrei aus. »Eine Maus … eine Maus!« Im Nu hatte sie ihr langes Kleid hochgerafft und war mit einem riesigen Satz auf den Tisch gesprungen.

Das war zu viel für Blackie. Erst der Papagei, dann die Katzen, jetzt eine schreiende, hüpfende Frau. Er bellte, sprang auf und stürzte den Katzen hinterher. Seine Krallen kratzten auf dem Holzboden, während er in Richtung Küche schlitterte und rutschte.

»Schnitt!«, schrie Mr. Curtis.

Mandy prustete vor Lachen. Mr. Curtis stützte seinen Kopf in die Hände. Der Mann mit dem Dolch in der Brust stand auf und zündete sich eine Zigarette an. In einer Ecke holte eine junge Frau, die wie ein Stubenmädchen aus dem vorigen Jahrhundert gekleidet war, eine Dose Cola hinter einer Topfpflanze hervor und setzte sie an die Lippen.

Mandy wischte sich die Augen. James verschwand auf der Suche nach Blackie in Richtung Küche. Ben Burton krümmte sich vor Lachen. Antonia Kent fegte in einem Wirbel aus wallendem Stoff und verletztem Stolz empört die Treppe hinauf. Die Szene war im Eimer.

Mandy lief James hinterher. In der Küche hatte George Sims Blackies Halsband gepackt. Der Labrador saß ihm zu Füßen und schien sich selbst zu bedauern. James hielt ihm gerade eine Standpauke.

»Blackie!« Er drohte dem Hund mit dem Finger. Mr. Sims ließ das Halsband los und Blackie legte sich neben ihn. George Sims kratzte sich am Kopf. »Ich dachte, Charley würde zur Tür hereinkommen«, sagte er.

»Leider nicht.« Mandy umarmte Blackie. Er mochte kein guter Schauspieler sein, aber er verstand es großartig, Menschen aufzuheitern. Sie schaute zu Mr. Sims empor. »Also immer noch keine Spur von Charley?«

Mr. Sims schüttelte den Kopf. »Wenn sie nicht bald auftaucht, werde ich wahrscheinlich meine Stelle verlieren«, sagte er und schien sich selbst Leid zu tun.

»Wir haben bei der örtlichen Rundfunkstation eine Suchmeldung senden lassen«, sagte Mandy. »Und im Dorf Plakate aufgehängt.«

»Vielen Dank für eure Hilfe«, sagte Mr. Sims schroff. »Ich weiß, es war dumm von mir, sie herauszulassen. Ich bin es einfach nicht gewohnt, mit Tieren umzugehen.«

»Wann wird der Ersatz für Sie kommen?« Langsam begann Mandy Mitleid für George Sims zu empfinden. Eigentlich war er gar nicht so schlimm. Und an seinem Gesichtsausdruck konnte sie erkennen, dass er Charley niemals absichtlich Angst eingejagt hätte.

Mr. Sims zuckte die Achseln. »Morgen, hoffe ich. Jetzt stimmt mit einem der Pferde etwas nicht. Ich dachte, Papageien allein würden schon genug Probleme machen.« Er schüttelte den Kopf. »Ich bin dem einfach nicht gewachsen. Wenn ich nicht eine Frau und vier Kinder hätte, würde ich kündigen.«

Plötzlich hatte Mandy eine Idee. »Mr. Sims«, sagte sie. »Wenn Sie wollen, werden James und ich Ihnen beim Versorgen der Tiere helfen. Das heißt so lange, bis die neue Betreuerin kommt.«

Das schien George Sims etwas aufzuheitern. Ein Lächeln breitete sich auf seinem Gesicht aus. »Also, das ist keine schlechte Idee. Der Pferdestall muss ausgemistet werden, aber ...« Sein Gesicht wurde lang. »Ich kann euch nichts bezahlen.«

Mandy machte eine abwehrende Handbewegung. »Wir wollen gar keine Bezahlung, nicht wahr, James?«

»Ähm ... nein«, sagte James, obwohl Mandy fand, dass er nicht sehr überzeugt aussah.

George Sims strahlte. »Na gut, ihr seid engagiert.« Er schaute über seine Schulter. »Ich schätze, ich könnte euch etwas Eis holen.«

Mandy lächelte. »Danke, Mr. Sims.«

In diesem Moment kam Hammond Curtis in die Küche. Auf seiner Schulter hockte Mr. Baggins. Mandy gelang es nur mit knapper Not, ein Kichern zu unterdrücken. Jetzt fehlten nur noch ein Holzbein und eine Augenklappe und Mr. Curtis hätte wie ein Pirat ausgesehen!

»Ich denke, nun haben sich alle wieder beruhigt«, sagte er. »Danke, dass du deinen Hund mitgebracht hast, James. Aber ich glaube nicht, dass er sich wirklich eignet, tut mir Leid.«

James machte ein langes Gesicht. »Ich versuche ihn zu dressieren, ehrlich.«

Mandy hatte Mitleid mit James ... und mit Blackie. Er hatte seine große Chance verpatzt, ein Star zu werden.

»Was wir tatsächlich brauchen, das ist Charley!«, sagte

Mr. Curtis und starrte George Sims wütend an. »Wenn sie nicht mehr auftaucht, weiß ich nicht, was wir tun sollen!«

Mr. Sims ließ den Kopf hängen.

Mr. Curtis setzte Mr. Baggins auf seine Stange zurück. »Sie treiben besser die Katzen auf, George. Weiß der Himmel, wo sie alle hingelaufen sind.«

»Und wir gehen meinen Vater suchen und fragen ihn, ob wir hier bleiben und helfen dürfen«, sagte Mandy.

Mr. Hope wusch sich eben seine Hände unter dem Wasserhahn im Hof.

»Pa«, sagte Mandy aufgeregt. »Wir möchten hier bleiben und George helfen, ist das okay?«

»Ja, natürlich. Ich hole euch dann später wieder ab, wenn ihr wollt. Wie war Blackies erster Auftritt?«

James wurde rot. »Er hat sein Vorspielen verpatzt.«

»Oje.« Mr. Hopes Augen zwinkerten. »Aber ich muss sagen, es überrascht mich nicht. Der Hund ist zu intelligent, um sich von jedem herumkommandieren zu lassen.«

James' Gesicht hellte sich auf. »Das stimmt«, sagte er stolz. »Danke, Mr. Hope.«

Ein paar Stunden später war alles blitzsauber. Mandy und James hatten den Stall ausgemistet und frische Streu verteilt. Sie hatten die Pferde gefüttert und auch die Katzen, die sie im Keller entdeckt hatten, wo sie vor einem Mauseloch in der Fußleiste Wache hielten. James hatte den Hof gekehrt, während Mandy beim Feuer in der Küche saß und die Katzen bürstete. Sie dachte an Blackie und Mr. Baggins und die arme Antonia Kent und kicherte. Wie konnte man bloß vor einer klitzekleinen Maus Angst haben?

Als Mr. Hope kam, um sie abzuholen, saßen Mandy und James in der Küche und aßen Eiscreme. Mr. Baggins schlief, den Kopf unter den Flügel gesteckt.

»Ich weiß nicht, was ich ohne die beiden gemacht hätte«, sagte George Sims, als Mr. Hope durch die Türe trat. »Sie können jederzeit für ›Tierstars‹ arbeiten!«

»Dürfen wir morgen wieder kommen, Pa?«, fragte Mandy.

»Ja, sicher. Ich muss am Nachmittag zum Markt nach Walton. Da kann ich euch auf dem Weg absetzen«, sagte Mr. Hope.

»Danke, Pa.« Mandys Augen glänzten. »Du bist der Beste.«

»*Wo ist der Tee?*«, murmelte Mr. Baggins schläfrig.

Auf dem Weg zurück zur »Arche« setzte Mr. Hope James und Blackie an ihrem Gartentor ab.

»Bis morgen, James«, rief Mandy und winkte ihm zum Abschied.

Zu Hause angekommen, machte sich Mr. Hope daran, seinen Bericht zu schreiben. Mandy ging in die Küche und begrüßte Jess. Die Hündin lag in ihrem Korb. Als Mandy eintrat, schaute sie auf und wedelte mit dem Schwanz, aber sie kam nicht heraus. Mandy runzelte die Stirn. Irgendetwas war mit Jess in letzter Zeit wirklich nicht in Ordnung. Sie hoffte, dass ihr Vater Recht gehabt hatte, als er sagte, es würde ihr gut gehen.

»Vielleicht ist ein langer Spaziergang das, was du brauchst, Jess«, sagte Mandy und streichelte ihr drahtiges Fell. »Du hast nicht genug Bewegung, das ist das Problem. Wenn du brav bist, werde ich morgen mit dir spazieren gehen.« Sie umarmte den Hund, dann ging sie in die Praxis, wo Simon das Operationsbesteck sterilisierte.

»Oh, Mandy«, sagte er, als sie hereinkam. »Da war ein Anruf für dich.«

»Von wem?«, erkundigte sich Mandy neugierig.

»Ich weiß nicht – frag Jean.« Simon öffnete unter einer Wolke aus Dampf den Sterilisierapparat.

Mandy ging zum Empfang. Jean saß an ihrer Schreibmaschine, ein Stirnrunzeln auf dem Gesicht. Sie versuchte auf einem Blatt Papier, das neben ihrer Maschine lag, Mr. Hopes krakelige Handschrift zu entziffern.

»Jean, Simon sagt, dass jemand für mich angerufen hat«, sagte Mandy erwartungsvoll.

»Oh, ja.« Jean überflog ihren Stenoblock. »Hier ist es. Betty vom Tierheim. Sie bittet um deinen Rückruf.«

Mandys Herz machte einen Satz. Vielleicht gab es Neuigkeiten über Charley!

»Du kannst mein Telefon benutzen, wenn du willst«, fuhr Jean fort. »Die Nummer des Tierheims hängt an der Pinnwand über deinem Kopf.«

Mandy war so aufgeregt, dass sie es kaum schaffte, die Nummer zu wählen.

»Tierheim Welford. Betty Hilder am Apparat.«

»Betty«, sagte Mandy atemlos. »Hier war eine Nachricht für mich, dass ich Sie anrufen soll.«

Betty erkannte ihre Stimme. »Tag, Mandy«, sagte sie fröhlich. »Ich dachte, es würde dich interessieren, dass der Tierschutzverein eine herrenlose Pudelhündin hergebracht hat. Sie wäre vielleicht etwas für deine Freundin, Mrs. Platt.«

»Prima, Betty«, sagte Mandy und unterdrückte ihre Enttäuschung, dass es keine Neuigkeiten über Charley gab. »Können wir zu Ihnen kommen und sie anschauen?«

»Ja, sicher«, erwiderte Betty. »Wann immer du willst.«

»Ich werde Ma oder Pa fragen, ob sie mich fahren können. Wir werden so bald wie möglich kommen.«

»Gut, Mandy. Ich werde da sein«, sagte Betty.

Mandy legte den Telefonhörer auf. Sie schaute auf ihre Uhr. Wenn ihre Mutter nichts zu tun hatte, würde sie vielleicht sogar noch vor der Sprechstunde mit ihr ins Tierheim fahren. Mandy lief in die Küche hinüber. Mrs. Hope faltete gerade ihren weißen Arztkittel zusammen.

»Ma!«, platzte Mandy heraus. »Haben wir Zeit, vor der Sprechstunde ins Tierheim zu fahren?«

Mrs. Hope warf einen Blick zur Uhr. »Ich denke schon. Warum?«

»Ich habe gerade mit Betty telefoniert. Sie hat einen Pudel für Mrs. Platt. Können wir hinfahren und ihn anschauen?«

Mrs. Hope legte ihren Arztkittel in das Regal. »Das sind ja großartige Neuigkeiten. Ich hole nur meine Schlüssel.«

Eine Minute später kam sie zurück. »Na dann komm, Schatz. Lass uns den Pudel ansehen.«

8. Kapitel

Auf der ganzen Fahrt zum Tierheim rutschte Mandy auf ihrem Sitz hin und her. Ihre Augen wanderten unentwegt von einer Seite zur anderen, immer noch auf der Suche nach Hinweisen auf Charley. Wenn sie an ein und demselben Tag Charley und einen Pudel für Mrs. Platt gefunden hätte, wäre für Mandy ein Traum in Erfüllung gegangen.

Als sie beim Tierheim angekommen waren, führte Betty sie ins Haus. Der Pudel war dünn und schwach und lag in einem Korb vor Bettys Kaminfeuer.

»Oh …« Mandy kniete neben dem Korb nieder. Zart berührte sie das verfilzte graue Fell des Pudels. Mitleid wallte in ihr auf.

»Jemand hat sie im Monkton-Wald an einen Baum gebunden und zurückgelassen«, hörte Mandy Betty zu Mrs. Hope sagen. »Zum Glück hat sie jemand entdeckt und zum Tierschutzverein gebracht. Eine weitere Nacht hätte sie wahrscheinlich nicht überlebt.«

»Wie kann man nur so etwas tun!«, sagte Mandy. Ihre Stimme war kaum mehr als ein Flüstern.

Sie hörte ihre Mutter seufzen. »Frag mich nicht, Mandy. Ich begreife das auch nicht.«

Mandy schaute zu Betty und ihrer Mutter empor. Sie standen da und sahen zu, wie sie den Pudel streichelte. Mrs. Hopes Gesicht war voller Traurigkeit.

»Glaubst du, dass sie sich erholen wird, Ma?«, fragte Mandy bang. Sie hatte schon öfter ausgesetzte Tiere gesehen, aber keines hatte so dünn und krank gewirkt.

Ihre Mutter kauerte neben ihr nieder. Sie strich rasch mit den Händen über den kleinen Hund, dann schaute sie in seine Augen und Ohren. »Schwer zu sagen«, erwiderte sie. »Sie ist unterkühlt.« Sie hob die Schnauze der Hündin hoch und sah ihre Zähne an. »Ein paar anständige Mahlzeiten und ein oder zwei Tage im Warmen und dann schauen wir sie noch einmal an, in Ordnung?«

»Danke, Ma.« Mandy umarmte ihre Mutter. »Sie muss gesund werden, sie muss einfach!« Mandy streichelte den Pudel sanft. Schwach hob er den Kopf und leckte ihr die Hand. »Na also!« Mandy stand auf. »Ich bin sicher, sie ist ein Kämpfertyp!«

»Sie hat etwas warme Milch und Hundeflocken bekommen«, sagte Betty. »Aber was sie wirklich braucht, ist viel Liebe.«

»Die wird Mrs. Platt ihr geben, stimmt's, Ma?«, sagte Mandy und versuchte sich Mrs. Platts entzücktes Gesicht vorzustellen, wenn sie ihr einen neuen Hund brachten.

»Ganz bestimmt«, sagte Mrs. Hope. »Aber ich denke, wir sollten sicher sein, dass der Hund wirklich gesund wird, bevor wir Mrs. Platt von ihm erzählen, Mandy.«

»Wie du willst, Ma. Ich werde wiederkommen und sie besuchen. Und das nächste Mal bringe ich mein Taschengeld mit, um etwas zu ihrem Futter beizusteuern.«

»Das ist lieb von dir, Mandy.« Betty nahm sie in den Arm.

Dann ließen sie den Pudel in seinem warmen Korb zurück und gingen nach draußen.

»Bedaure, Mandy«, sagte Mrs. Hope. »Aber wir müssen zurück. Die Sprechstunde beginnt gleich.« Sie winkten Betty zum Abschied und machten sich in Richtung Welford auf. Als ihnen zwei Mädchen mit ihren Pferden auf dem Feldweg entgegenkamen, verlangsamte Mrs. Hope das Tempo.

»Hallo, Mrs. Hope«, rief eines der Mädchen. Es war Susan Collins, die neu in der Gegend war. Zuerst hatte sie es schwer gehabt, sich einzuleben, aber jetzt fühlte sie sich offenbar vollkommen zu Hause.

Mrs. Hope kurbelte ihr Fenster herunter. »Hallo, Susan. Wie geht es Prinz denn zur Zeit?«

»Danke, gut«, erwiderte Susan.

Mandy winkte, während die Mädchen rasch weitertrabten.

Auf dem restlichen Nachhauseweg war Mandy tief in Gedanken versunken.

»Du bist so still, Mandy«, bemerkte Mrs. Hope.

»Ich habe gerade an Charley und den kleinen Pudel gedacht«, sagte sie traurig. »Manchmal glaube ich, dass ich nie eine gute Tierärztin werde ... Ich mache mir zu viele Gedanken.«

Mrs. Hope tätschelte das Knie ihrer Tochter. »Doch, das wirst du, Mandy. Ich weiß es. Du wärst eine sehr schlechte Tierärztin, wenn du dir keine Gedanken um deine Patienten machen würdest.«

Mandy schniefte, doch sie fühlte sich etwas besser. »Ja, wahrscheinlich hast du Recht.« Sie dachte eine Minute lang nach, dann lächelte sie ihrer Mutter zu. »Hör mal, Ma«, sagte Mandy. »Ich glaube, ich werde den Pudel Antonia nennen.«

Mrs. Hope lächelte. »Das ist aber ein ziemlich hochtrabender Name. Warum denn gerade Antonia?«

»Nach der Schauspielerin in der Villa Greifenstein. So wie sie ihr Haar hoch gesteckt hat, erinnert sie mich an einen Pudel.«

»Das ist ein bisschen frech, Mandy«, sagte Mrs. Hope.

»Ist es nicht«, erwiderte Mandy empört. »Pudel sind wunderhübsch. Ich finde, es ist ein Kompliment!«

Am nächsten Morgen stellte Mandy gerade ihren Kaninchen Futter hin, als James und Blackie kamen. Sie wollten den Spaziergang machen, den Mandy der kleinen Jess versprochen hatte.

Der Terrier bellte vor Freude, als er Blackie sah. Die beiden Hunde begrüßten sich schnuppernd und mit wedelnden Schwänzen, dann stürzten sie los und jagten wie wild immer um den Rasen herum.

»Achtung, die Blumen!«, rief Mandy, dann sagte sie grinsend: »James, pfeif deinen Hund zurück!«

»Du hast gut reden«, murmelte James. Er pfiff nach Blackie, doch wie üblich schenkte ihm der Labrador keinerlei Beachtung.

»Wo wollen wir spazieren gehen?«, fragte Mandy.

James zuckte die Achseln. »Kannst du entscheiden.«

Sie gingen in die Küche, um Jess' Leine zu holen. Mr. Hope saß am Tisch und las seine Tierarztzeitschrift. »Was habt ihr beiden vor?«, fragte er, als Mandy und James zur Tür hereinkamen.

»Wir machen mit Jess einen langen Spaziergang, damit sie ihren dicken Bauch loswird.« Mandy beugte sich herunter und umarmte den Terrier.

Mr. Hope machte seine Zeitschrift zu und stand vom Tisch auf. »Ich muss los. Ich habe mehrere Besuche zu machen. Habt Acht, wo ihr hingeht, ihr beiden. Und passt gut auf Jess auf.«

Mandy runzelte die Stirn, während ihr Vater hinausging. Warum sagte er das? Er wusste, dass sie immer gut auf den kleinen Terrier aufpasste. Mandy zuckte die Achseln. Na ja, ihr Vater sagte manchmal komische Sachen. Sie nahm Jess' Leine von ihrem Haken.

»Kommt, ihr beiden.« Blackie und Jess standen schwanzwedelnd da. Nach ihrer Jagd durch den Garten hechelten sie. »Lasst uns gehen.«

Sie gingen die kleine Straße zur Poststelle hinunter.

»Ich hol eben noch ein paar Kaubonbons.« James zog ein Zehnpencestück aus seiner Tasche.

Sie banden die Hunde vor dem Laden an.

»Hallo, ihr beiden«, sagte Mr. McFarlane hinter der Theke. »Gibt es schon irgendwelche Neuigkeiten von dem Hund aus der Villa Greifenstein, Mandy?«

Mandy schüttelte traurig den Kopf. »Noch nicht, aber wir drücken die Daumen.«

Wieder draußen gab James Mandy die Hälfte der Kaubonbons und sie machten sich über den Dorfanger auf. Jess und Blackie zerrten an ihren Leinen.

»Lass uns am Kriegerdenkmal vorbeigehen«, sagte Mandy und zog Jess zurück. »Und dann zum Fluss hinunter. Dort können wir die Hunde von der Leine lassen.«

»Super«, sagte James.

Sie blieben kurz auf der Brücke stehen, um Stöcke in den Fluss zu werfen, dann kletterten sie über den Zauntritt und schlenderten zum Flussufer hinunter. Mandy liebte das Geräusch des Wassers, das über die Steine murmelte und plätscherte. Der Regen der letzten Woche hatte den Fluss anschwellen lassen.

Mandy ließ Jess von der Leine. »Na dann los … und bleibt in Sichtweite!«, sagte sie streng.

Jess sauste los, Blackie auf ihren Fersen. Sie schnupperten an der Uferböschung und rannten hin und her, weil sie ein Kaninchen gewittert hatten. Plötzlich sah Mandy, dass Jess zum Flussufer hinabkletterte. Blackie folgte ihr, wobei sein Schwanz wie eine Fahne flatterte.

Dann sah Mandy auf einmal, wie Jess regungslos stehen blieb und den Kopf auf die Seite legte.

»Was hat Jess denn gehört?«, fragte James.

Mandy runzelte die Stirn. »Keine Ahnung. Lass uns nachsehen.«

Sie kletterten die Uferböschung hinunter. Mandy sah den wachsamen kleinen Terrier wie eine Statue am Wasserrand stehen. Doch dann schoss Jess plötzlich wie eine Rakete los.

»He!«, schrie Mandy. Sie hatte Angst, dass Jess fortlaufen könnte – und *ein* entlaufener Hund war wirklich genug! »Jess! Jess!«, schrie sie. »Komm zurück!«

Aber der Terrier nahm keine Notiz von ihr. Platschend lief Jess über die Trittsteine im Wasser und kletterte wie besessen die hohe Böschung auf der anderen Seite des Flusses empor.

»Komm, James«, drängte Mandy. »Wir folgen ihr besser.«

James pfiff nach Blackie. Der Labrador rannte in großen Sätzen auf sie zu. Ausnahmsweise schien Blackie einmal zu gehorchen. Doch dann sah er Jess' weißen Schwanz hinter der Uferböschung verschwinden. Er bellte ein paar Mal laut und rannte ihr hinterher.

»Blackie!«, rief James. Er wandte sich um, doch Mandy kletterte bereits die Böschung hinunter, lief über die Steine und erklomm auf der anderen Seite wieder den Hügel. »Warte auf mich!«, rief er und stürzte ihr nach.

»Komm schon«, rief Mandy. Ihr Herz hämmerte beim Laufen. »Jess! Jess!«

Mittlerweile waren beide Hunde verschwunden. Fort!

Mandy und James rannten durch ein Wäldchen, doch von den Hunden war keine Spur zu entdecken. Vor ihnen lag ein mit Felsbrocken übersäter Hügel. Seite an Seite kletterten Mandy und James ihn empor. Oben angekommen standen sie nun auf einem riesigen Felsvorsprung. Unter ihnen sahen die Häuser des Dorfes so winzig aus wie die einer Spielzeugstadt.

Mandy lauschte. Sie konnte nur die Geräusche eines entfernten Zuges hören. Hinter ihm war Jess wohl gewiss nicht her. Mandy drehte sich rasch um und schaute in alle Richtungen. Von beiden Hunden war keine Spur zu sehen. Wo um alles in der Welt waren sie nur hingelaufen?

Dann hörte Mandy plötzlich hinter einem entfernten Felsblock das kurze, durchdringende Bellen von Jess. Sie sprang vom Felsvorsprung herunter. »Komm, James, hier entlang!«

Sie rannten auf Jess' ungestümes Gebell zu, stürmten über das Gras und kletterten über Felsen.

»Da drüben sind sie.« James zeigte in eine Richtung. »Schau … hinter dem Felsen dort ragt Blackies Schwanz hervor!«

»Gott sei Dank.« Mandy stieß einen Seufzer der Erleichterung aus. Nun, da sie Jess hören und Blackies wedelnden Schwanz sehen konnte, begann sich Mandy ein wenig über die ungezogenen Hunde zu ärgern. Jess würde ein Donnerwetter erleben, sobald Mandy sie zu fassen bekam. Immer noch bellte Jess hinter dem Felsen. Es war ein hohes, aufgeregtes Bellen, das Mandy noch nie gehört hatte. Sie liefen um den Felsen herum – und blieben wie angewurzelt stehen.

»Oh!« Mandy stand da, die Hand ungläubig vor den Mund geschlagen. Denn dort, neben dem großen grauen Felsblock, lag Charley. Ihr Hinterbein war in einer Falle gefangen.

Mandys Herz setzte einen Schlag aus. Sie konnte kaum glauben, was sie sah. Charleys traurige Augen schauten zu ihr empor, als wollten sie sagen: »Ich bin so froh dich zu sehen!«

Mandy sank auf die Knie. Freude und Erleichterung schnürten ihr die Kehle zu. »Charley … Charley …« Sie unterdrückte aufsteigende Tränen.

Dort, wo der enge Draht das Bein des Hundes einschnürte, blutete es. Mandy streichelte Charley zart. Die Hündin wedelte mit dem Schwanz und leckte Mandys Hand. Sie versuchte aufzustehen, sank aber wieder zurück, denn der scharfe Draht grub sich noch tiefer in ihr Bein. Mandy atmete schwer, als sie das Blut heraussickern sah.

»Oh, arme Charley!« Sie schaute zu James empor. Wut und Mitleid wallten in ihr auf.

»Was machen wir jetzt?« James schluckte und kniete sich rasch neben Mandy nieder. Jess und Blackie legten sich japsend hin, von ihrem schnellen Lauf erschöpft.

Mandy zog rasch ihre Jacke aus und legte sie über die Hündin, um sie zu wärmen. Mandy war klar, dass sie Hilfe holen mussten. Allein würden sie es niemals schaffen, Charley zurückzutragen.

»Ich werde Ma oder Pa holen«, sagte sie schnell. Ihr Herz hämmerte in der Brust. »Du bleibst bei ihr, James, mit Jess und Blackie.« Sie drückte ihm die Hundeleinen in die Hand.

Dann stürmte Mandy davon. Der Wind blies ihr kinnlanges Haar nach hinten. Sie rannte den Hügel hinunter, so rasch ihre Beine sie trugen. Platschend sprang sie über die Trittsteine, ohne darauf zu achten, dass ihre Füße nass wurden und der kalte Wind durch ihr T-Shirt pfiff. Mandys Atem ging nun stoßweise. Vorbei am Gemeindehaus, den Geschäften … die verschlafene Hauptstraße entlang. Ihr Herz hämmerte in ihrer Brust. Schneller … schneller.

Sie erreichte die Tierklinik, stieß das Tor auf und stürmte den Weg hinauf. Sie stürzte zum Empfang hinein. Die Tür schlug mit einem metallischen Geräusch gegen die Wand.

»Wo ist Pa … Ma … Simon … irgendwer?«, rief sie keuchend der verdutzten Jean Knox zu.

Jean ließ überrascht ihre Brille fallen. »Mandy, was um alles in der Welt ist passiert? Du siehst aus …«

»Bitte … wo …« Mandy war völlig außer Atem.

»Dein Vater ist gerade zurückgekommen. Er ist in seinem Sprechzimmer, aber …«

Mandy stürmte ins hintere Zimmer, wo Mr. Hope gerade seine Tasche mit Medikamenten füllte.

»Pa! Pa! Du musst mitkommen. Schnell!«, keuchte Mandy. »Wir haben Charley gefunden!«

Mr. Hopes Augen weiteten sich vor Erstaunen. »Charley? Wo ist sie?« Noch während er sprach, schloss er rasch seine Tasche und nahm hastig die Autoschlüssel vom Regal.

Mandy zerrte an seinem Arm. »Schnell … oh bitte. Sie ist oben auf dem Hügel. Ich zeige es dir unterwegs.«

Sie rannten am Empfang vorbei und zur Tür hinaus. »Falls irgendwelche Anrufe kommen – ich bin bald wieder zurück«, rief Mr. Hope Jean Knox zu, während sie den Weg hinunterstürmten. Sie sprangen in den Landrover.

»Wir sind über den Zauntritt bei der Steinbrücke geklettert«, erklärte Mandy. »Jess ist fortgelaufen … sie muss Charley winseln gehört haben.« Mandy war so aus der Fassung, dass sie zu weinen begann. »Oh, Pa. Sie ist mit dem Bein in eine Falle geraten … es ist schrecklich. Arme Charley.«

Mr. Hope war über das Lenkrad gebeugt. Der Landrover brauste die Hauptstraße entlang und zum Dorf hinaus in Richtung Brücke. Mandy rang ängstlich die Hände. »Pa, beeil dich … bitte beeil dich!«

9. Kapitel

Auf der Brücke kam Mr. Hopes Auto mit kreischenden Bremsen zum Stehen. Die beiden sprangen heraus, kletterten rasch über den Zauntritt und rannten die Uferböschung entlang.

»Hier entlang«, keuchte Mandy. Sie stürzte die Böschung hinunter, sprang platschend über die Trittsteine und begann den steilen Hang auf der anderen Seite emporzuklettern.

»Warte!«, rief ihr Vater.

Mandy war weit vor ihm. Sie blieb stehen und wandte sich ungeduldig um. »Nun komm schon, Pa, um Himmels willen!« Sie streckte die Hand aus. Ihr Vater nahm ihre Hand und zusammen rannten sie in das Wäldchen, auf der anderen Seite wieder heraus und den steilen Hügel hinauf auf den Platz zu, an dem die verletzte Charley lag.

»Wie weit ist es noch?«, keuchte Mr. Hope.

»Wir sind gleich da!« Mandy deutete auf den Haufen großer Steine hinter dem steilen Felsvorsprung. »Da drüben ist Charley!«

Beim Klang ihrer Stimme kamen Jess und Blackie in großen Sätzen angerannt. Jess bellte wild und sprang im Laufen an Mandy hoch. Endlich hatten Mandy und Mr. Hope ihr Ziel erreicht, außer Atem und mit roten Gesichtern, nachdem sie den ganzen Weg von der Straße gerannt waren.

James sprang auf die Füße. Er sah mächtig erleichtert aus. »Ich dachte, ihr würdet überhaupt nicht mehr kommen!«

»Schneller ging es nicht«, keuchte Mandy.

Mr. Hope kniete neben dem verletzten Labrador nieder. Charley wedelte schwach mit dem Schwanz und winselte. Mandy kauerte neben den beiden nieder und presste aufgeregt ihre Hände zusammen.

»Na dann, mein Mädchen«, sagte Mr. Hope sanft. »Lass dich mal anschauen.« Voller Abscheu musterte er die Falle. »Wer um alles in der Welt …?«

James zuckte die Achseln. »Fragen Sie nicht mich«, sagte er. »Irgendein Idiot, schätze ich.«

Mr. Hope nahm eine Zange aus seiner Tasche. Ein paar rasche Schnitte und der Draht war fort.

»Sie hat versucht ihn durchzubeißen«, sagte Mr. Hope, während er die Wunde untersuchte. Es schien fast, als würde er mit sich selbst reden.

»Was glaubst du, wie lange sie schon hier ist, Pa?« Jetzt, wo ihr Vater da war, ging es Mandy etwas besser. Wenn jemand Charley helfen konnte, dann war er es.

Mr. Hope schüttelte den Kopf. »Noch nicht so sehr lange … Gott sei Dank. Sie wirkt ein bisschen dünn. Ich nehme an, sie war draußen im Moor. Wahrscheinlich wollte sie zum Dorf zurück. Wenn sie die ganze Zeit hier gelegen hätte, wäre sie jetzt tot, fürchte ich.«

Rasch verband er die Wunde behelfsmäßig. »Auf diese Weise bleibt sie sauber, während wir Charley zum Auto tragen«, sagte er. »Sobald wir in der Tierklinik sind, verbinde ich sie dann richtig.«

Mr. Hope schloss seine Tasche und reichte sie Mandy. »Hier, die trägst du.« Er schob seine Arme unter den verletzten Hund und hob ihn empor. Charley lag still in seinen Armen. Ihr Kopf hing herab. Aus großen braunen Augen schaute sie Mandy an. Ihr Schwanz wedelte schwach. »Du gehst voran, James«, sagte Mr. Hope.

Im Gänsemarsch stiegen sie den Hügel hinunter. James vorneweg, dahinter Mandy, deren Herz ängstlich klopfte. Ein paar Mal glitt Mr. Hope auf dem feuchten Gras aus. Mandy hielt den Atem an und sprang auf ihn zu, um ihm Halt zu geben, da sie fürchtete, dass er stolpern und mit Charley in den Armen stürzen würde. Danach hielt sie sich dicht an der Seite ihres Vaters und führte ihn über den unebenen Grund.

Vorn trotteten Blackie und Jess lammfromm neben James her. Mandy war überzeugt davon, dass sie irgendwie den Ernst der Situation erkannt hatten.

Am schlimmsten war das Überqueren des Flusses. Die Steine waren immer glitschig, auch wenn man keinen schweren Hund in den Armen tragen musste. Überdies konnte Mr. Hope nicht sehen, wo er hintrat. Mandy musste ihn am Arm nehmen und führen. Zögernd setzte Mr. Hope einen Fuß vor den anderen und tastete vorsichtig nach den Trittsteinen. Einmal rutschte er aus und sein Fuß glitt platschend in das brausende Wasser. Mandy hielt den Atem an. Das Herz schlug ihr bis zum Hals.

Mandy hörte ihren Vater etwas brummen, während er versuchte sein Gleichgewicht wiederzuerlangen. Als er endlich Halt gefunden hatte, wankte er weiter. Noch nie war Mandy so froh gewesen, wieder trockenen Boden unter ihren Füßen zu spüren.

Sie kletterten die Uferböschung empor und gingen rasch zum Zaun. Mandy half ihrem Vater hinüber.

Endlich hatten sie den Landrover erreicht. Mandy öffnete die Hecktür und Mr. Hope legte Charley behutsam hinein. Mandy kletterte zu ihr auf die Ladefläche.

»Ich bleibe bei ihr«, sagte sie. Nun, da sie Charley gefunden hatte, wollte Mandy keinen Moment mehr von ihrer Seite weichen. James und die beiden anderen Hunde kletterten vorn in das Auto. Langsam und vorsichtig fuhr Mr. Hope nach Hause.

»Wenn du willst, rufe ich in der Villa Greifenstein an, sobald wir zurück sind, und sage Bescheid, dass wir Charley gefunden haben«, erbot sich James.

»Super, James«, sagte Mandy dankbar. »Sie werden schrecklich froh sein.« Mandy hatte Charleys Kopf in ihren Schoß gelegt. Der Hund schaute zu ihr empor und leckte ihr dann die Hand.

Als sie in der Tierklinik eintrafen, brachte Mr. Hope Charley sofort in das Behandlungszimmer. Mandy hielt Charleys Kopf, während ihr Vater das verwundete Bein wusch und verband und der Hündin dann ein Antibiotikum spritzte.

»Wird sie wieder gesund, Pa?«, fragte Mandy bange.

»Völlig gesund. Zum Glück ist die Wunde nicht tief.«

James ging hinaus, um telefonisch die guten Nachrichten an die Villa Greifenstein weiterzugeben.

»Ben war schrecklich froh«, sagte James, als er in das Behandlungszimmer zurückkehrte. »Er informiert die anderen.«

Mr. Hope trug Charley in die Küche und setzte sie auf den Boden. Jess kam, um dem Labrador das Gesicht zu lecken. Charley humpelte hinüber zum Kaminfeuer und legte sich in Jess' Korb.

»Oh!« Mandy lachte. »Tut mir Leid, Jess ... sieht so aus, als hättest du jetzt kein Bett mehr.«

Aber da spielte Jess nicht mit. Sie kletterte in den Korb und rollte sich neben Charley zusammen.

»Gib ihr eine Schale warme Milch und Hundekuchen«, schlug Mr. Hope vor. »Später kann sie dann etwas Fleisch bekommen.«

Mandy machte Milch warm, goss sie in eine Schale mit Hundekuchen und trug sie zu Charley hinüber. Der Labrador machte sich hungrig darüber her und hatte die Schale nach Sekunden sauber ausgeleckt.

»So ist es besser«, sagte Mandy und streichelte Charleys Kopf. »Nun versuch dich ein bisschen auszuruhen. Komm«, sagte sie zu James, »lassen wir die beiden ein anständiges Schläfchen machen. Sie haben es verdient.«

Später am Nachmittag, als James nach Hause gegangen war, bekam Charley Besuch. Es klopfte an der Tür und

Mandy öffnete. Draußen stand Hammond Curtis mit Ben Burton und Antonia Kent. Hinter ihnen befand sich George Sims.

Mandy bat sie in die Küche. George Sims kauerte neben dem Hundekorb nieder. Zu ihrer Freude sah Mandy, dass Charley mit dem Schwanz wedelte.

Unbeholfen streichelte Mr. Sims ihren Kopf. »Ich sollte dich ausschimpfen«, sagte er schroff. »Aber ich schätze, es war mein Fehler, dass du fortgelaufen bist.« Charley schnupperte am Ärmel seiner Jacke. Mr. Sims tätschelte noch einmal ihren Kopf und erhob sich dann wieder. »Danke, junge Dame«, sagte er. »Du hast mir sehr geholfen.«

Mandy wurde rot. »Schon gut, Mr. Sims«, sagte sie. »Eigentlich war es Jess.«

»Wir erwarten heute noch die neue Betreuerin«, sagte Ben. »George wird sie vom Bahnhof abholen, bevor er uns verlässt.«

Mr. Hope kam aus dem Garten. Er schüttelte Mr. Curtis und Ben die Hand. Antonia Kent hielt ihm ihre Wange zum Kuss hin. Mandy begann fast zu kichern, denn ihr Vater schaute etwas verwirrt.

»Wie lange wird es dauern, bis Charley wieder arbeiten kann?«, erkundigte sich Mr. Curtis.

»Eine Woche, denke ich«, erwiderte Mr. Hope. »Sie wird eine Weile humpeln, aber nicht schlimm.«

»Kannst du dich solange hier um sie kümmern, Mandy?«, fragte Mr. Curtis. »Auch wenn heute die neue Betreuerin kommt, wäre es mir lieber, wenn Charley bei dir bliebe.« Er zwinkerte Mandy zu.

»Nun …« Auch Mr. Hopes Augen zwinkerten, während er seine Tochter anschaute. »Ich nehme an, das lässt sich machen.«

Alle lachten, als Mandy ihrem Vater die Arme um den Hals warf. Ihr Herz jubelte vor Freude, als sie ihm einen dicken Kuss auf die Wange drückte. Sie betrachtete es als Ehre, dass man ihr einen Filmhund anvertraute!

»Wir werden erst einmal die Szenen drehen, in denen sie nicht vorkommt«, sagte Mr. Curtis. Er wirkte erleichtert. »Aber sobald es ihr besser geht, heißt es, wieder an die Arbeit gehen.«

Antonia Kent öffnete ihre Handtasche und nahm ein Schwarzweißfoto heraus, auf dem sie das weiße Seidenkleid anhatte, das sie in dem Kriminalfilm trug. Sie nahm einen Stift und signierte das Bild rasch.

»Bitte, Engelchen.« Sie hielt Mandy das Foto hin. »Das kannst du auf deinen Schminktisch stellen.«

»Oh!«, sagte Mandy. »Das ist super. Vielen Dank, Miss Kent. Meine Freundinnen in der Schule werden schrecklich neidisch sein.«

Mr. Curtis klatschte in die Hände. »Okay, Leute. Zurück an die Arbeit.«

»Sklaventreiber«, sagte Antonia Kent und zwinkerte Mandy hinter Mr. Curtis' Rücken zu.

Charley und Jess bellten zum Abschied.

Etwas mehr als eine Woche später konnte Charley an die Arbeit zurückkehren. An diesem Nachmittag stürmte Mandy aus der Schule. Sie hatte es schrecklich eilig. Es gab so viele Sachen zu tun … Hausaufgaben in Englisch und Mathe … und natürlich musste Charley wunderschön aussehen, wenn sie in die Villa Greifenstein zurückkehrte.

»He, wieso die Eile?«, rief James, als Mandy vor dem Schultor auf ihr Fahrrad sprang und wie besessen losfuhr.

»Heute ist Charleys letzter Tag in der Tierklinik«, rief Mandy über die Schulter. Ihr Schulranzen hüpfte auf ihrem Rücken. »Ich muss sie fertig machen. Wir bringen sie heute Abend zurück.«

»Du könntest ja wenigstens auf mich warten!«, schrie James, während Mandy sich immer weiter entfernte. Mandy hielt an und wartete, bis er sie eingeholt hatte.

»Sie sieht super aus«, sagte Mandy. »Ihr Bein ist prima verheilt.« Plötzlich wurde sie traurig. »Jess wird sie furchtbar vermissen.«

»Auch Jess wird in ein paar Wochen nach Hause gehen«, erinnerte sie James.

»Ich weiß«, sagte Mandy traurig. Ohne Jess und Charley würde die »Arche« richtig einsam sein.

Im Handumdrehen waren sie den Weg bis Welford geradelt. Vor Mandys Tor hielt James an.

»Viel Glück heute Abend«, sagte er.

Mandy lächelte. »Danke. Es fällt mir ganz schön schwer, sie zurückzubringen«, gestand sie.

»Du kannst dir jederzeit Blackie ausleihen«, sagte James großmütig.

Mandy gelang es, fröhlich zu lächeln. Sie straffte ihre Schultern. Es hatte keinen Sinn, Trübsal zu blasen. Es gab so viele andere Tiere, die ihre Hilfe brauchten. »Danke, James«, sagte sie herzlich.

»Dann bis morgen!« James winkte und fuhr die kleine Straße davon.

Mandy stellte ihr Fahrrad in den Schuppen und ging in die Küche. Charley erhob sich von ihrem Platz am Feuer und begrüßte sie. Mandy ließ ihre Tasche fallen und umarmte den Hund. Sie sah ihm in seine tiefbraunen Augen.

»Du siehst großartig aus, Charley. Aber ich fürchte, du musst jetzt zurück an die Arbeit.«

Charley bellte.

Mandy schaute sich um. »Wo ist Jess?« Plötzlich hörte sie seltsame Laute aus dem Besenschrank. Eine Art Schnüffeln und ein Geräusch, als ob etwas reißen würde. Dann fiel polternd etwas herunter und fast im gleichen Moment erschien Jess mit einem gelben Staubwedel im Maul. Sie ließ ihn auf den Boden fallen, legte ihre Vorderpfote darauf und versuchte ihn zu zerpflücken.

Mandy brach in Gelächter aus. »Oh, Jess, du alberner Hund.« Sie hob Jess empor und entwand ihr den Staubwedel. Sie drückte den Terrier an sich. »Du hast nur Unsinn im Kopf.« Plötzlich bemerkte Mandy, wie dick der

Hund war. Sie war in der vergangenen Woche so damit beschäftigt gewesen, sich um Charley zu kümmern, dass sie Jess im Grunde wenig Beachtung geschenkt hatte.

Mandy setzte Jess auf den Tisch und tastete ihren Bauch ab. Er war etwas angeschwollen. Mandy runzelte die Stirn. Sie wusste, dass es Unsinn war, aber es sah wirklich so aus, als ob Jess …

In diesem Moment kam Mrs. Hope in die Küche.

»Mandy«, sagte sie mit einem Lächeln. »Betty wartet draußen im Auto. Sie hat eine Überraschung für dich.«

Mandys Herz machte einen Satz. Eine Überraschung … Das konnte nur eines sein: der Pudel. Rasch setzte sie Jess auf den Boden und rannte hinaus.

Betty stand neben ihrem alten Kombi. Und neben Betty stand mit einer nagelneuen blauen Leine und einem blauen Lederhalsband Antonia, die Pudelhündin. Als sie Mandy aus dem Haus kommen sah, wedelte sie mit dem Schwanz. Mandy beugte sich herunter und nahm den kleinen Hund auf den Arm. Seine Augen leuchteten, sein Fell war weich und flaumig. Antonia sah völlig gesund und munter aus.

Mandy schnürte es vor Glück die Kehle zu, sodass sie kein Wort herausbrachte.

»Ich dachte, du würdest sie Mrs. Platt gern selbst bringen«, sagte Betty.

»Und wie gern.« Mandy sah sie mit glänzenden Augen an. Dann schaute sie zu ihrer Mutter. »Kann ich Mrs. Platt jetzt anrufen, Ma? Ich hätte vor dem Abendessen noch Zeit hinüberzugehen. Charley kann ich auch ein bisschen später bürsten.«

»Wie du willst, Schatz.«

Mandy rannte ins Haus zurück. »Jean, kannst du mir Mrs. Platts Nummer geben?« Jean blätterte die Karteikarten durch und suchte Mrs. Platts Telefonnummer heraus.

»Danke.« Rasch wählte Mandy. Nach dem zweiten Klingeln hörte sie am anderen Ende die Stimme von Mrs. Platt.

»Mrs. Platt«, sagte sie atemlos. »Hier ist Mandy Hope.«

»Hallo, Mandy.« Mrs. Platt schien sich über Mandys Anruf zu freuen. Rasch berichtete Mandy ihr von Antonia. Sie hörte, wie Mrs. Platt tief Atem holte.

»Oh, Mandy.« Mrs. Platts Stimme zitterte ein wenig. »Das ist großartig. Ja ... bitte bring sie gleich her.«

Mandy rannte wieder nach draußen. »Es ist okay!«, rief sie. »Ich kann sie sofort hinbringen. Es wird nicht lange dauern, Ma.« Sie nahm Betty die Leine aus der Hand. »Danke, Betty.«

Mandy war richtig stolz, während sie mit Antonia die Straße hinunterlief. Sie hatte mitgeholfen, das Leben des kleinen Hundes zu retten, und brachte ihn nun in ein wundervolles neues Zuhause. Das war ein großartiges Gefühl.

Den ganzen Weg bis zu Mrs. Platts Häuschen trottete Antonia zufrieden und lammfromm neben Mandy her.

Als sie dort ankamen, sah Mandy Mrs. Platt ungeduldig aus dem Fenster schauen. Die Tür ging auf und da stand Mrs. Platt, ein breites Lächeln auf dem Gesicht.

»Dann mal herein mit euch.« Entzückt rieb sie sich die Hände. Mandy spürte tiefe Freude im Herzen, als sie Mrs. Platt ihren neuen Hund übergab. Mrs. Platt nahm den Pudel und drückte sein weiches Fell an ihr Gesicht. Dann hielt sie ihn ein Stück weg, um ihn besser anschauen zu können.

»Sie ist wunderschön, Mandy! Vielen, vielen Dank.« Sie drückte den Hund wieder an sich und lachte, als Antonia ihr das Gesicht leckte.

Mandy hatte einen Kloß im Hals. Es war einfach großartig, Mrs. Platt so glücklich zu sehen. »Sie heißt Antonia«, sagte sie.

Antonia wedelte mit dem Schwanz und leckte Mrs. Platt die Nase.

»Was für ein schöner Name! Sie ist wunderhübsch, Mandy.« Mrs. Platt setzte Antonia auf den Boden und umarmte Mandy kurz. »Nun bin ich gewiss nicht mehr allein«, sagte sie lächelnd. Dann wurde ihr Lächeln noch breiter. Sie deutete auf Antonia. »Du lieber Himmel. Sieh dir das an!«

Antonia war auf Mrs. Platts Sessel beim Kamin gesprungen.

»Antonia!«, schalt Mandy.

»Nun, wer kann ihr das verdenken, nach alldem, was sie durchgemacht hat«, sagte Mrs. Platt. »Allerdings glaube ich nicht, dass ich besonders gut in ihren Korb passen werde!«

Beim Abschied lächelte Mandy immer noch. Mrs. Platt nahm Antonia vom Sessel und ging mit ihr zur Tür.

Mrs. Platt küsste Mandy auf die Wange. »Nochmals vielen Dank, Mandy. Das werde ich dir nie vergessen.« Sie und Antonia sahen Mandy nach, als sie durch das Tor trat. Als Mandy die Straße ein kleines Stück hinuntergegangen war, wandte sie sich noch einmal um und winkte. Sie glaubte, dass ihr der Anblick, der sich ihr bot, ewig in Erinnerung bleiben würde. Da stand Mrs. Platt und hielt Antonia bequem unter dem Arm, als wären sie schon seit eh und je die besten Freunde.

Nach dem Abendessen fuhr Mrs. Hope mit Mandy und Charley zur Villa Greifenstein. Jess war auch mit dabei.

An der Hintertür wurden sie von der neuen Tierbetreuerin begrüßt. Es war eine junge Frau mit kurzem rotem Haar. Sie trug eine Jeans-Latzhose und darunter ein kariertes Hemd mit einem Abzeichen am Kragen, auf dem »Stoppt Tierversuche« stand.

»Hallo, ich bin Sue.« Sie beugte sich herunter. »Hallo, Charley, ich bin ja so froh, dich endlich kennen zu lernen.« Charley wedelte freudig mit dem Schwanz. Sue streichelte liebevoll Charleys Hals und tätschelte Jess.

Mandy schaute ihre Mutter an und seufzte erleichtert. Jetzt war Charley in guten Händen. Sie und Sue hatten bereits Freundschaft geschlossen.

»Mrs. Hope«, sagte Sue, »eines der Pferde hat sich heute verletzt. Könnten Sie nach ihm schauen?«

»Ja, natürlich«, sagte Mrs. Hope.

»Würdest du Charley für mich ins Haus bringen, Mandy?«, bat Sue.

»Sehr gern.«

Mandy brachte Charley und Jess in die Küche. Sie hatte sich sehnlichst gewünscht, Mr. Baggins wieder zu sehen. Und die Katzen natürlich ... und all die anderen auch.

Mr. Baggins saß auf seiner Stange. Die Katzen schliefen beim Kamin. Charley und Jess gingen schnurstracks in die Speisekammer. Als Mandy hineinschaute, lagen sie Seite an Seite auf Charleys Decke. Ich bin ganz sicher nicht die Einzige, die Charley vermissen wird, dachte Mandy.

»Gut, Leute«, sagte Mr. Baggins. Ein Laut wie Händeklatschen drang aus seiner Kehle.

Mandy konnte ein Kichern nicht unterdrücken. Mr. Baggins klang genau wie Hammond Curtis. Sie fragte sich, was der wohl von Mr. Baggins' neuem Spruch hielt.

»Auf eure Plätze und zwei Stück Zucker«, kreischte der Papagei.

Mandy strich ihm über das bunte Gefieder. »Hast du dich anständig benommen, Mr. Baggins?«

»Nein, hat er nicht!« Ben Burton kam zur Tür herein. Charley rannte aus der Speisekammer, um ihn zu begrüßen. »Charley! Schön dich zu sehen, Mädchen.«

»Ich werde Charley wirklich vermissen«, sagte Mandy.

Ben legte seinen Arm um ihre Schultern. »Sie sieht großartig aus, Mandy. Du hast wirklich tolle Arbeit geleistet. He, warum kommst du nicht morgen her und schaust bei den Dreharbeiten zu? Wenn du willst, kannst du James mitbringen.«

»Ich werde Ma fragen«, sagte Mandy und fühlte sich schon besser. »Aber das geht bestimmt in Ordnung.«

Als Mandy und Mrs. Hope zur Tierklinik zurückfuhren, fiel Mandy wieder ein, dass sie wegen Jess nachfragen wollte. »Ma …« Sie starrte ihre Mutter nachdenklich an. »Wird Jess …?«

Als ihre Mutter ihr einen Blick zuwarf, bemerkte Mandy ein Zwinkern in ihren Augen.

»Wird Jess was, Mandy?«

Mandy rutschte auf ihrem Sitz hin und her. »Wird Jess zufällig …?«

Mrs. Hope lachte laut auf. »Na komm, Mandy. Spuck es aus.«

»Wird Jess …?«

»Ja, Mandy«, sagte Mrs. Hope immer noch lachend. »Jess wird Junge bekommen!«

10. Kapitel

Das habe ich mir gedacht!«, rief Mandy fröhlich. »Ma, warum habt ihr mir das nicht gesagt?«

»Wir dachten, es sollte eine Überraschung werden. Wir hätten vielleicht wissen sollen, dass es dir auffallen würde, wenn Jess immer pummeliger wird.«

Mandy klatschte in die Hände. »Ma, ist das nicht toll? Aber was wird Tante Mary dazu sagen?«

Mrs. Hope verzog das Gesicht. »Keine Ahnung. Ich nehme an, Tad ist der Vater.«

Mandy lachte. »Ich dachte mir, dass Jess ihn vermisst. Aber ich wusste nicht, dass sie *so* gute Freunde sind!« Sie wandte sich um, um den kleinen Terrier anzuschauen, der zusammengerollt auf dem Rücksitz lag. »Oh, Jess, du kluges Mädchen!« Mandy meinte vor Aufregung zu platzen. »Wann, Ma … wann ist es so weit?«

»Nun beruhige dich, Mandy«, sagte Mrs. Hope. »Wir sind nicht ganz sicher … aber ziemlich bald.«

»Wir müssen alles vorbereiten«, sagte Mandy. »Sie braucht einen Platz, an dem sie ihre Jungen bekommen kann. Sie mag den Besenschrank. Ich habe sie erwischt, wie sie den Staubwedel …«

Mandys Mutter lachte wieder. »Jetzt mal langsam, Mandy. Noch ist es nicht ganz so weit. Räum ja nicht sofort den Schrank aus.«

»Aber sie braucht einen Platz«, beharrte Mandy.

»Wir werden schon etwas für sie finden, keine Sorge«, beschwichtigte sie Mrs. Hope.

Zurück in der Tierklinik, hüpfte Mandy ausgelassen mit Jess in die Praxis. Mr. Hope hatte gerade den letzten Patienten behandelt und räumte auf.

»Ma hat mir von Jess erzählt, Pa!«

Mr. Hope lächelte breit. »Wir dachten uns schon, dass du wahrscheinlich von selbst darauf kommst.«

»Das bin ich. Aber ich musste an so viele Dinge denken, dass ich immer wieder vergessen habe zu fragen. Oh, Pa, ich bin so aufgeregt.« Sie hob Jess behutsam hoch und tätschelte ihren Bauch. Dann drückte sie den Terrier an sich. Charley brauchte sie jetzt nicht mehr, aber bald würde es eine Menge anderer Hunde geben, um die man sich kümmern musste. Winzige, großartige Jack-Russell-Terrier. Sie konnte es kaum erwarten!

Am nächsten Morgen wurden Mandy und James, mit einem Lunchpaket versehen, von Mr. Hope bei der Villa Greifenstein abgesetzt. Mandy konnte es kaum erwarten, Ben die guten Neuigkeiten über Jess zu berichten.

»Gratuliere, Jess!«, sagte Ben, als er sie hörte. »Sue sagte, Charley grämt sich ein wenig. Ich nehme an, dass sie Jess vermisst.«

Sie fanden Sue in der Küche. Sie kämmte gerade Charley, die großartig aussah. Charley hatte ein wundervoll glänzendes Fell und eine feuchte Nase. Mandy war stolz darauf, bei ihrer Rettung mitgeholfen zu haben.

Mr. Baggins begrüßte sie mit seinem üblichen Kreischen. »Lasst Jess lieber hier«, sagte Sue, während sie Charley vom Tisch hob. »Charley braucht heute Vormittag ihre volle Konzentration.«

»Bleib hier, Jess«, begann Mandy. Aber Jess hatte sich bereits neben dem Kamin zusammengerollt und schlief fest. Mandy nahm einige Orangenschnitze von einem Teller auf dem Tisch. »Na komm, Mr. Baggins«, rief sie. »Zeit zum Arbeiten.«

Mr. Baggins flatterte auf ihre Schulter. Sie marschierten durch den Korridor in die große Halle.

»Heute benimmst du dich aber anständig, Mr. Baggins«, flüsterte Mandy.

»Yeah, yeah«, sagte Mr. Baggins.

In der großen Halle setzte Mandy den Papagei behutsam auf seine Stange. Alle waren bereit.

»Gut, Charley bitte hier herüber.« Mr. Curtis trat vor.

»Geh du mit ihr.« Sue reichte Mandy die Leine.

»Gut… nehmt eure Plätze ein«, sagte eine Stimme.

Alle begaben sich zu ihren Positionen.

»Habe ich etwa gesagt, dass ihr euch bewegen sollt?«, brüllte Mr. Curtis. Sein Gesicht war rot vor Ärger. »Bleibt gefälligst, wo ihr seid.«

»Gut… nehmt eure Plätze ein«, ertönte seine Stimme wieder.

Schauspieler und Filmteam schauten sich an. Mandy brach in Gelächter aus. »Das war Mr. Baggins«, prustete sie. James, der neben ihr stand, legte seine Hand auf den

Mund, um das Lachen zu unterdrücken. Auch das gesamte Filmteam lachte – selbst der Mann mit dem Dolch in der Brust.

»Gut … nimm deine Tasse Tee«, kreischte Mr. Baggins plötzlich.

Jetzt lachte selbst Mr. Curtis. Er wischte sich die Augen und wedelte mit der Hand in der Luft. »Das reicht, vielen Dank, Mr. Baggins. Ich gebe hier die Anweisungen, wenn du nichts dagegen hast!« Er schob seine Mütze auf den Hinterkopf. »Arbeite nie mit Kindern oder Tieren!«, sagte er grinsend.

Dann wurde ernsthaft mit den Dreharbeiten begonnen. Bevor sie sich's versahen, war es Mittag und nach sechsunddreißig Klappen war die Mordszene endlich im Kasten.

»Würdest du gern sechsunddreißigmal erdolcht werden?«, flüsterte James.

Mandy stieß ihn an. »Pst!«

Mr. Baggins war ungewöhnlich schweigsam. Er saß auf seiner Stange, ein Stück Orange zwischen den Zehen. Dann steckte er seinen Kopf unter den Flügel und schlief ein. Niemand schien ihn zu beachten, außer Antonia Kent. Sie behielt Mr. Baggins immer im Auge, was er auch tat.

»Könntest du Charley bitte wieder in die Küche bringen, junge Dame?« Mr. Curtis saß auf einer Leiter und schaute hinunter. »Dann kannst du wiederkommen und dir die restlichen Dreharbeiten für heute ansehen, wenn du Lust hast.«

»Furchtbar gern«, sagte Mandy leise. »Danke.«

Rasch brachte sie Charley in die Küche zurück. »Bleib hier«, sagte Mandy. Sie schob Charley durch die Tür und machte sie fest hinter ihr zu. Sie wollte nichts verpassen. Sue war bereits fortgegangen, um sich um die Pferde zu kümmern.

Nach einer weiteren Stunde rief Mr. Curtis: »Okay, Leute, wir machen Pause. Und denkt daran, dass wir heute Nachmittag draußen sind.«

Alle seufzten erleichtert auf.

»Los, komm«, sagte James. »Ich bin am Verhungern. Lass uns unsere Brote essen!«

In der Küche war weit und breit keine Spur von den Hunden zu sehen. Die Speisekammertür stand einen Spalt weit offen.

»Ich wette, die Hunde sind dort drin.« Mandy spähte in die Speisekammer. Charley saß auf ihrer Decke, die Ohren aufgestellt. Sie sah Mandy an und winselte leise. Es schien, als wollte sie Mandy etwas sagen … etwas sehr Wichtiges.

Dann ertönten andere leise Geräusche. Ein Winseln und eine Reihe kleiner Fiepser. Mandy machte die Tür etwas weiter auf und trat ein. Dann blieb sie wie angewurzelt stehen. Ihre Kinnlade fiel herunter.

Denn in einer Ecke, in einem alten Waschkorb, lagen vier sich windende Bündel neben Jess. Winzige Hunde, deren Augen fest geschlossen waren. Zwei schwarz und weiß, zwei braun und weiß. Sie waren so winzig, dass sie auf Mandys Hand Platz gehabt hätten. Jess versuchte alle gleichzeitig zu lecken. Sie schaute zu Mandy empor. »Schau«, schien sie zu sagen. »Habe ich das nicht gut gemacht?«

Mandy glaubte, die Augen würden ihr aus dem Kopf fallen. »James ... komm her ... schnell!«

Jess hatte vier winzige Junge. Es war einfach zu schön, um wahr zu sein!

James verzog das Gesicht. »Mann! Sehen sie nicht ... ähm ... komisch aus?«

»Sie sehen nicht komisch aus«, sagte Mandy etwas entrüstet. »Sie sehen toll aus.«

»Wahrscheinlich sehen sie etwas besser aus, wenn sie trocken sind«, murmelte James.

»Pst«, machte Mandy. »Jess wird beleidigt sein, wenn sie dich hört.«

»Sie sind super, Jess«, sagte James rasch. »Wirklich super.«

Bald war das gesamte Filmteam über die jungen Hunde in der Speisekammer unterrichtet.

»Wir lassen sie jetzt besser allein«, sagte Mandy, als alle sie angeschaut hatten. »Wenn Pa zurückkommt, fragen wir ihn, was wir machen sollen.« Noch während sie dies sagte, hörte sie den Landrover ihres Vaters in den Hof fahren. Sie rannte hinaus. »Pa! Pa! Rate mal, was passiert ist!«

Mr. Hope stieg aus dem Auto. »Was ist denn nun schon wieder?«

Mandy zog ihn am Ärmel ins Haus. »Jess hat ihre Jungen bekommen. In der Speisekammer!«

»In der Speisekammer! Na, typisch Jess. Sie hat schon immer gerne gegessen.«

Mr. Hope ging in die Speisekammer, um die jungen Hunde zu untersuchen. »Sie sind alle gesund«, sagte er. »Wir wollen Jess nicht stören«, sagte er, an Sue gewandt. »Wäre es möglich, sie heute Nacht hier zu lassen? Morgen holen wir sie dann gleich ab.«

Plötzlich wedelte Jess heftig mit dem Schwanz. Hinter Mr. Hopes Beinen spähte Charley hervor. Jess winselte und Charley drängelte sich in die Speisekammer.

»Ich glaube, Charley bleibt lieber draußen«, begann Mr. Hope.

Doch Mandy berührte seinen Arm. »Nein, Pa«, flüsterte sie. »Schau!« Charley leckte eines von Jess' Jungen. Mandy stand da und sah zu, die Hände in die Hüften gestemmt. »Sie ist nämlich ihre Tante«, sagte sie.

Alle lachten. Mr. Hope nahm seine Tochter in den Arm. »Man stelle sich vor, einen Filmstar als Tante zu haben«, sagte er und ein Lächeln breitete sich auf seinem Gesicht aus.

»Gleich morgen früh kommen wir als Erstes wieder her«, versicherte Mr. Hope seiner Tochter, als sie zurück zur »Arche« fuhren. »Für heute Nacht ist Jess in guten Händen.«

»In guten Pfoten, meinen Sie wohl«, tönte James vom Rücksitz.

Als sie am nächsten Tag zur Villa Greifenstein kamen, um Jess abzuholen, packte das Filmteam gerade seine Sachen zusammen. Die restlichen Filmszenen würden im Studio gedreht werden.

»Ich werde euch alle echt vermissen«, sagte Mandy zu Ben und umarmte ihn.

»Und falls du es dir anders überlegst und nicht mehr Tierärztin werden willst, Mandy«, sagte Hammond Curtis, der mit einem Koffer in der Hand die Treppe herunterkam, »dann ruf mich einfach an. Ich werde dir eine Stelle als Tierbetreuerin besorgen.«

»Danke, Mr. Curtis«, sagte Mandy und schüttelte ihm die Hand. »Aber ich glaube nicht, dass ich das tun werde.«

Sue kam mit einem Käfig herein, in dem Mr. Baggins saß. Charley folgte ihr auf den Fersen. Mandy steckte ihren Finger durch die Stäbe von Mr. Baggins' Käfig. »Also benimm dich, Mr. Baggins.«

»Zwei Tassen Zucker«, sagte Mr. Baggins. Er schien ärgerlich, weil man ihn eingesperrt hatte.

Mandy beugte sich herunter und umarmte Charley. Der Abschied machte sie traurig. »Auf Wiedersehen, Charley«, sagte sie. »Ich werde aufpassen, ob ich dich im Fernsehen sehe.«

Jess lag mit ihren Jungen behaglich und sicher auf dem Rücksitz des Landrovers. Mandy straffte die Schultern, während sie zusah, wie Charley in den Bus von »Tierstars« kletterte. Für Charley hatte sie alles getan. Jetzt würden Jess und ihre kleine Familie sie brauchen.

»Dann komm, Pa«, sagte sie. »Lass uns Jess und ihre Kleinen nach Hause bringen.«

Als sie durch das schmiedeeiserne Tor fuhren und sich auf den Nachhauseweg machten, wandte Mandy sich um und warf der Villa Greifenstein einen letzten Blick zu.

Vor ihnen führte die kurvige Straße ins Dorf hinab. Mandy freute sich riesig darauf, sich um vier kleine Hunde kümmern zu dürfen, bis Tante Mary aus Australien zurückkam. Und um Jess natürlich. Was würden sie für einen Spaß miteinander haben.

Sie kurbelte das Fenster herunter und atmete tief die frische, klare Luft ein. Sie sah jetzt das Dorf, das friedvoll zwischen großen Moorflächen lag. Tröstlich erhob sich der vertraute Kirchturm aus der Ansammlung von Häusern und Geschäften. Es würde ein tolles Gefühl sein, wenn sie mit Jess und ihren vier Jungen über den Dorfanger ging und alle sie sahen. Und wenn es für die Hunde Zeit war, nach Hause zurückzukehren, dann würde es viele andere Tiere geben, die Mandys Hilfe brauchten, da war sie sicher. Das Leben ist einfach herrlich!, dachte sie glücklich.

LESEPROBE

Lucy Daniels

Ponys in Panik

DIE TIERFREUNDE

OMNIBUS Nr. 20717

»Hey!« James hatte in der Zwischenzeit die nächste spitze Landzunge umrundet und kam jetzt aufgeregt zu ihr zurückgerannt. »Mandy, komm, das musst du dir anschauen! Da sind Fußspuren im Sand! Äh … *Huf*spuren, meine ich! Hunderte!«

»Hunderte?« Mandy sprang sofort auf. Sie ließ den Taschenkrebs in seiner stummen Welt zurück, hüpfte vom Felsen und rannte James entgegen. »Was denn für Hufspuren?« Sie überlegte, was für Tiere wohl in der Gegend lebten. Drumcashel war ein Fischerort. Entlang der Dorfstraße standen zwanzig bis dreißig Häuser, es gab einen Lebensmittelladen, der gleichzeig auch als Dorfgasthaus diente, und ein paar Höfe in der Umgebung. Waren es vielleicht die Hufabdrücke von Rindern, Schafen oder Ziegen?

»Ponys!« James wollte in die Kilmore Cove zurückrennen, blieb aber plötzlich wie angewurzelt stehen. Während er Mandy geholt hatte, war eine Herde Ponys am Strand aufgetaucht.

»Ponys!«, rief er noch einmal.

Die Ponys wandten den Fremdlingen den Kopf zu, zuckten mit den Ohren und stampften mit den Hufen. Sie waren alle ganz unterschiedlich gefärbt: grau, schwarz, gelblich, rötlich oder braun. Ein plötzlicher Windstoß vom Meer her hüllte sie in Sprühnebel und sie wurden zu bloßen Schatten, die aussahen, als könnten sie sich jeden Augenblick in Luft auflösen. Aber kurze Zeit später waren die kräftigen Tiere wieder ganz deutlich zu sehen. Reglos standen sie da, schlugen mit dem langen Schweif und wandten den Kopf wieder ab.

»Sind die schön!«, flüsterte Mandy, die über zwanzig Ponys am Strand zählte. Sie besaßen einen kleinen, wohlgeformten Kopf, kurze, kräftige Beine und eine lange Mähne und beäugten die zwei Freunde mit ihren großen Augen voll Misstrauen und Anspannung, so als hätte sich ihnen bisher kein Mensch jemals genähert.

»Sind das Wildponys?«, sprach James aus, was auch Mandy gedacht hatte.

»Sieht so aus. Sie tragen jedenfalls keine Halfter.« Sie kniff die Augen zusammen und versuchte durch den Sprühnebel etwas zu erkennen, den der Wind wieder landeinwärts getrieben hatte. Nahezu unmerklich schob sie sich dabei näher an die Herde heran, um deutlicher sehen zu können.

Die Tiere hatten begonnen, sich in dem von Felsen umschlossenen hinteren Teil der Bucht zu sammeln, sie scharrten im Sand und schüttelten unruhig den Kopf. Eines der Ponys, eine rotbraune Stute mit weißen Flecken auf Schultern und Rücken, schien dafür zu sorgen, dass die Tiere zusammenblieben. Sie hatte ein kleines kastanienbraunes Fohlen, das ihr auf Schritt und Tritt folgte.

Während die Stute damit beschäftigt war, innerhalb der Herde für Ordnung zu sorgen, beobachteten Mandy und James, wie ein junges graues Pony plötzlich den Kopf in den Nacken warf und losgaloppierte. Es wirbelte herum, schlug dabei aus und traf eine neben ihm stehende Schecke in die Flanke. Das schwarz-weiß gefleckte Pony protestierte mit einem schrillen Wiehern.

Mandy hielt die Luft an. Sie und James hatten sich der Herde mittlerweile bis auf etwa fünfzig Schritt genähert. Jetzt blieben sie stehen.

Die Leitstute schnaubte warnend. Sie trottete rasch auf das junge graue Pony zu und biss es zur Strafe in die Schulter. Der aufsässige Graue senkte den Kopf und kehrte wieder in die Mitte der Gruppe zurück.

James lächelte. »Dem hat sie's aber gezeigt!«

»Das hat ihm bestimmt wehgetan!«, flüsterte Mandy. Die Stute hatte richtig fest zugebissen. »Schau, sie lässt uns nicht aus den Augen!« Mandy war sich mittlerweile sicher, dass es sich bei den Ponys in der einsamen Bucht nicht um zahme Tiere handelte. Die Herde verhielt sich genau wie andere Wildtiere, wenn sich Fremde näherten. Mandy wusste, dass die Tiere sich eng zusammendrängen und sofort fliehen würden, sobald sie das Gefühl bekamen, dass ihnen Gefahr drohte.

Lucy Daniels

Dieser Border Collie ist der beste und treueste Freund, den Kinder sich wünschen können.

Band 1

Die Ankunft

ISBN 3-570-12452-5

Band 2

Die Herausforderung

ISBN 3-570-12453-3

Band 3

Die Flucht

ISBN 3-570-12454-1

Kinderbücher ab 10 Jahre
Aus dem Englischen
von Christoph Arndt
Mit Illustrationen
von Michael Bramman

Weitere Titel in Vorbereitung

CB C. BERTELSMANN
Kinderbücher